岳飞

李晨 编著

华文出版社
SINO-CULTURE PRESS

图书在版编目（CIP）数据

岳飞 / 李晨编著 . -- 北京：华文出版社，2025.
8. -- ISBN 978-7-5075-6137-1

Ⅰ . K825.2

中国国家版本馆CIP数据核字第20259ER753号

岳　飞
YUE FEI

编　　著：李　晨
责任编辑：寇　宁
出版发行：华文出版社
　　　　　（北京市丰台区右外西路2号院　100069）
电　　话：总编室 010-59900723　发行部 010-59900727
　　　　　编辑部 010-59900737
经　　销：新华书店
印　　刷：鸿鹄（唐山）印务有限公司
开　　本：650mm×920mm　1/16
印　　张：16
字　　数：200千字
版　　次：2025年8月第1版
印　　次：2025年8月第1次印刷
标准书号：ISBN 978-7-5075-6137-1
定　　价：85.00元

版权所有，侵权必究

总序

"图文中国文化"系列丛书

中国文化是一个大故事,是中国历史上的大故事,是人类文化史上的大故事。

谁要是从宏观上讲这个大故事,他会讲解中国文化的源远流长,讲解它的古老性和长度;他会讲解中国文化的不断再生性和高度创造性,讲解它的高度、深度和长度;他更会讲解中国文化的多元性和包容性,讲解它的宽度和丰富性。

讲解中国文化大故事的方式多种多样,有中国文化通史,也有分门别类的中国文化史。这一类书很多,想必大家都看到过。

现在呈现给读者的这一大套书,叫作"图文中国文化"系列丛书。这套书的最大特点,是有文有图,图文并茂;既用优美的文字精心讲解中国文化,又用精美的图画直观展现中国文化。两者相得益彰,相映生辉。静心阅览这套书,既是读书,又是欣赏艺术——欣赏来自海内外二百余家图书馆、博物馆和艺术馆的图像和图画。

"图文中国文化"系列丛书广泛涵盖了历史上中国文化的各个方面,共有十六个系列:图文古人生活、图文中华美学、图文古人游记、图文中华史学、图文中华名人、图文诸子百家、图文中华哲学、图文传统智慧、图文国学启蒙、图文古代兵书、图文中华医道、图文中华养生、图文古典小说、图文古典诗赋、图文笔记小品、图文评书传奇,全景式地展示中国文化之意境,中国文化之真境,中国文化之善境,中国文化之美境。

这既是一套讲中国文化的大书,又是一套人人可以轻松阅读的经典。

期待爱好中国文化的读者,能从这套"图文中国文化"系列丛书中获得丰富的知识、深层的智慧和审美的愉悦。

王中江

2023 年 7 月 10 日

前言

岳飞，一个在中国无人不知、无人不晓的名字。

崇宁二年（1103），岳飞出生于河北西路相州汤阴县（今河南省安阳市汤阴县）的一个普通农民家庭。传说岳飞出生之时，"有大禽若鹄，自东南来，飞鸣于寝室之上"，所以父亲岳和给他取名为"飞"，字"鹏举"。

岳飞的家是一个大家庭，家里男孩就有5个，所以生活并不宽裕。贫穷的家庭条件让岳飞没法读书考功名，只能做工补贴家用，但是这丝毫没有减少岳飞的学习热情。忙碌之余，他经常阅读《左氏春秋》、孙吴兵法等书籍。

岳飞不仅热爱文化，还学了一身顶尖武艺，不管是射箭，还是枪棒，在当地都小有名气。岳飞能文能武的特点，为他将来成就事业奠定了坚实的基础。

宣和四年（1122），岳飞应募从军，开启了自己的军事生涯。这段军旅经历仅持续了不到一年,岳飞就因为父亲去世,不得不回家守孝而离开军队。

宣和六年(1124),家乡发生水灾,岳飞家生计艰难,为了谋生,岳飞不得不再次从军,一年之后又一次脱下盔甲。

宣和七年(1125),金军灭辽后,大举南下攻宋,在中原地区攻城略地,烧杀抢掠,无恶不作。岳飞目睹了大宋百姓惨遭金军杀戮、奴役的情形,心中愤慨,遂第三次从军。如果说岳飞前两次参军都只是为了混碗饭吃,仅仅是为了"谋身",那么第三次参军则是为了"谋国",与前两次截然不同。

靖康元年(1126)年底,金军攻破东京开封。次年春,金军押解宋徽宗、宋钦宗,以及北宋宗室、大臣、后妃、工匠等10余万人北上,北宋灭亡,史称"靖康之变"。此后,宋徽宗第九子赵构称帝,建立南宋,是为宋高宗。

参军之后,岳飞成为一名底层军官。在战斗中,他率部屡立战功,逐渐展现出自己的军事才能。后来,岳飞被划归时任开封知府宗泽指挥,成为这位名臣的下属,担当起了守卫开封的责任。

但是,懦弱避战的宋高宗始终不愿意返回开封,只想着南逃江南。最终,宗泽忧愤而死,中原广大地区被放弃,岳飞不得不率军转战江南。

建炎三年(1129)秋,金军又兵分多路向南进犯,宋高宗仓皇逃至海上,金军北返之时,岳飞率军不断截击、骚扰金军。

建炎四年(1130)五月,岳飞率军收复江南重镇建康,为南宋江山安定立下大功,岳飞因功被任命为武功大夫、昌州防御使,任通、泰州镇抚使兼泰州知州。在这期间,岳飞逐渐自领一军,这支军队被百姓称为"岳家军"。八月,金军再次南侵,岳飞率军奋战于楚州、通州、泰州等地，屡次击败金军。

经过数年交战，宋金双方均疲惫不堪，只得暂时休战，宋高宗开始致力于平定内部各路游寇。岳飞率军先后平定了李成、曹成等游寇，立下大功。宋高宗下诏，岳家军的军号由御营军改为神武副军，岳飞升为都统制。

经过几年休整，岳家军的实力进一步壮大，岳飞终于有机会开启自己北伐中原、恢复河山的事业了。

绍兴四年（1134）春，岳飞率军开始了第一次北伐，此次北伐的目标是收复襄汉六郡。经过3个月奋战，岳飞成功收复了陷于伪齐的襄汉六郡，被朝廷加封为清远军节度使，荆湖北路荆、襄、潭州制置使。岳飞成为有宋一代最年轻的建节者。

绍兴六年（1136）七月，岳飞开始第二次北伐，成功收复了陕西一带的商州（今陕西省商洛市）全境和虢州（今河南省灵宝市）部分地区。

绍兴六年（1136）十一月，岳飞率军进行第三次北伐，反击伪齐刘豫的进攻。这次北伐在规模、声势和战绩上较小，进军至蔡州一带便收兵，没有收复州城。

随着岳飞的战功越来越大，他和宋高宗之间的矛盾也越来越尖锐。

宋高宗对于北伐中原、收复河山并没有多少兴趣，他只希望以打促谈，和金人议和，保住自己的半壁江山。后来，随着岳飞"建议立储"事件的发生，两人的矛盾越来越深。

绍兴十年（1140）六月，岳飞发动了第四次，也是规模最大的一次北伐。岳飞率岳家军主力，在郾城、颖昌等地大败金军统帅完颜宗弼率领的金军主力，并联合北方的抗金义军，收复了黄河南北大片失地。就在北伐大业即将取得成功的时候，宋高宗12道金牌召回岳飞，北伐功亏一篑。

在宋金议和过程中，岳飞因受到秦桧、张俊等人的诬陷而入狱。最终，岳飞以"莫须有"的罪名，与长子岳云、部将张宪一同被杀害，天下冤之。

宋高宗的养子宋孝宗赵昚继位后，岳飞被平反昭雪，改葬于西湖畔栖霞岭，追谥武穆。

岳飞虽然含冤而死，但是他的功绩永远为后世中国人所铭记，他成为中华民族的精神图腾之一。在这里，让我们再次品读一下岳飞所写的《满江红》，感受岳飞身上流淌的英雄血：

怒发冲冠，凭栏处，潇潇雨歇。抬望眼，仰天长啸，壮怀激烈。三十功名尘与土，八千里路云和月。莫等闲、白了少年头，空悲切。

靖康耻，犹未雪。臣子恨，何时灭。驾长车，踏破贺兰山缺。壮志饥餐胡虏肉，笑谈渴饮匈奴血。待从头、收拾旧山河，朝天阙。

目 录

第一章　初露峥嵘 ——————— 001
　　第一节　少年时光 ——————— 002
　　第二节　投身军旅 ——————— 015
　　第三节　河北抗金 ——————— 026
　　第四节　隶属宗泽 ——————— 033

第二章　转战江南 ——————— 049
　　第一节　苦战中原 ——————— 050
　　第二节　自成一军 ——————— 060
　　第三节　收复建康 ——————— 070
　　第四节　转战江淮 ——————— 082

第三章　内征外战 —— 091

第一节　平定李成 —— 092

第二节　消灭曹成 —— 102

第三节　收复襄汉 —— 111

第四节　扬威洞庭 —— 123

第四章　君臣嫌隙 —— 137

第一节　北伐中原 —— 138

第二节　进军蔡州 —— 147

第三节　朝局倾轧 —— 154

第四节　嫌隙倍增 —— 164

第五章　挺进中原 —— 171

第一节　战端再起 —— 172

第二节　长驱伊洛 —— 182

第三节　郾城大捷 —— 189

第四节　直捣黄龙 —— 197

第六章　千古奇冤—————207
　　第一节　十年功废—————208
　　第二节　生死危机—————217
　　第三节　莫须有—————223
　　第四节　天日昭昭—————229

参考文献—————241

第一章　初露峥嵘

第一节 少年时光

岳飞出生之时,北宋正处在一个历史的拐点上。

在宋神宗(1067年至1085年在位)时期,北宋进行了著名的"王安石变法"。在宋哲宗(1085年至1100年在位)时期,宋哲宗起用章惇、曾布等新党,继续变法。虽然这两次变法未能从根本上扭转北宋的颓势,但是让北宋的国力有所增强。宋哲宗一改对外保守求和的政策,发动了两次平夏城之战,使西夏臣服,又重启河湟之役,收取青唐地区。一时之间,北宋似乎有复兴之势。

怎奈天不假年,元符三年(1100),宋哲宗赵煦英年早逝,年仅24岁。宋哲宗没有儿子,向太后拥立宋哲宗的弟弟赵佶为帝,这就是宋徽宗。

宋徽宗是中国历史上有名的艺术家皇帝,他在绘画和书法上均有极高的造诣。宋徽宗创造出独树一帜的"瘦金体",瘦挺爽利,为后人竞相仿效,是中国古代书法艺术史上极为个性化的书体。

与登峰造极的艺术成就形成鲜明对比的,是宋徽宗治国理政的能力一塌糊涂。

宋徽宗继位之后,重用奸佞,北宋朝政日益腐败。他重用的蔡京、童贯、王黼、梁师成、朱勔、李彦,被称为"六贼"。这些人结党营私、

第一章 初露峥嵘

宋神宗坐像
（宋）佚名／画　收藏于中国台湾台北故宫博物院

宋哲宗坐像
（宋）佚名／画
收藏于中国台湾台北故宫博物院

元祐年间，宋廷为巩固边防，退还四寨，向西夏示好，但西夏太后梁氏坚持军事扩张。元祐六年（1091），环庆路主帅章楶提出"浅攻之计"，主张灵活应对西夏入侵。在此战略下，章楶等开展多场战事。洪德堡战役中，宋军伏击西夏大军，大败之。第一次平夏城之战，宋廷重组战区指挥，吕惠卿等成功防御西夏攻势，章楶等趁机筑城控地。第二次平夏城之战，宋军收复失地，筑防线，西夏围攻平夏城，大败撤退。宋军乘胜追击，最终在辽国调停下与西夏和平谈判，确立新边界。《宋史》评："夏自平夏之败，不复能军，屡请命乞和。哲宗亦为之寝兵。楶立边功，为西方最。"可见宋哲宗赵煦在外交和军事方面的成就。

第一章 初露峥嵘

宋徽宗坐像
（南宋）佚名/画
收藏于中国台湾台北故宫博物院

宋徽宗赵佶（1082—1135），宋朝第八代君主，为宋神宗赵顼的第十一子、宋哲宗赵煦的手足兄弟。赵佶之所以能继承帝位，是因为宋哲宗膝下无嗣，而宋神宗尚有多位皇子可承继大统。赵佶之母出身卑微，且已逝去，向太后出于一己之私欲，欲独揽大权，于是，这皇位戏剧性地落到了赵佶头上。赵佶早年被封为端王，兴趣广泛，唯独对朝政之事毫无兴趣，从未有过争夺储位的念头。他酷爱蹴鞠、书法与绘画，甚至独创了瘦金体书法与工笔画风，为艺术界留下了宝贵的财富。在其统治时期，众多艺术家涌现，传世名作《清明上河图》《千里江山图》皆诞生于此时，足见其在艺术上的卓越贡献。然而在政治上，赵佶却重用蔡京等打着绍述新法旗号的大臣，他们为非作歹，导致宋朝国力日渐衰微。赵佶还沉迷于奢华生活，大肆搜罗"花石纲"，建造"艮岳"，又因信奉道教而广建宫殿，设立道学制度。这些举措加剧了社会矛盾，引发了农民起义，使得宋朝陷入了前所未有的危机之中。尽管赵佶在位期间也施行了一些仁政，如设立安济坊，为贫民提供医疗救助；设置居养院，收养鳏寡孤独者；设置漏泽园，安葬贫困死者，但这些善举并未能挽救宋朝的颓势。后金兵南下，直逼国都开封时，惊慌失措的赵佶传位于长子赵桓，即宋朝第九代皇帝宋钦宗。宋钦宗懦弱无能，优柔寡断。最终父子二人被金人掳往北方，北宋灭亡。

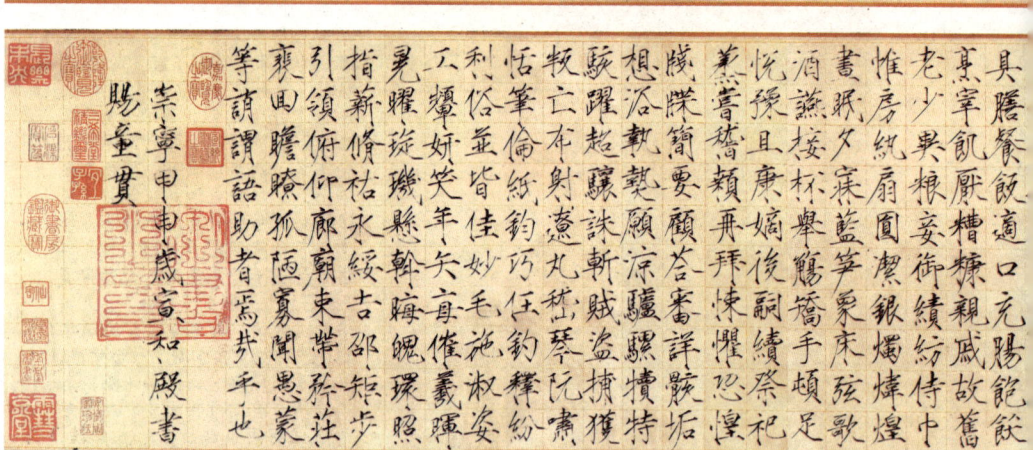

瘦金体千字文
(北宋)赵佶/书写
收藏于上海博物馆

千字文

天地元黃　宇宙洪荒　日月盈昃　辰宿列張　寒暑往來　秋收冬藏　閏餘成歲　律呂調陽　雲騰致雨　露結為霜　金生麗水　玉出崑岡　劍號巨闕　珠稱夜光　果珍李柰　菜重芥薑　海鹹河淡　鱗潛羽翔　龍師火帝　鳥官人皇　始制文字　乃服衣裳　推位遜國　有虞陶唐　弔民伐罪　周發殷湯　坐朝問道　垂拱平章　愛育黎首　臣伏戎羌　遐邇壹體　率賓歸王　鳴鳳在竹　白駒食場　化被草木　賴及萬方　蓋此身髮　四大五常　恭惟鞠養　豈敢毀傷　女慕貞絜　男效才良　知過必改　得能莫忘　罔談彼短　靡恃己長　信使可覆　器欲難量　墨悲絲染　詩讚羔羊　景行維賢　剋念作聖　德建名立　形端表正　空谷傳聲　虛堂習聽　禍因惡積　福緣善慶　尺璧非寶　寸陰是競

資父事君　曰嚴與敬　孝當竭力　忠則盡命　臨深履薄　夙興溫凊　似蘭斯馨　如松之盛　川流不息　淵澄取映　容止若思　言辭安定　篤初誠美　慎終宜令　榮業所基　籍甚無竟　學優登仕　攝職從政　存以甘棠　去而益詠　樂殊貴賤　禮別尊卑　上和下睦　夫唱婦隨　外受傅訓　入奉母儀　諸姑伯叔　猶子比兒　孔懷兄弟　同氣連枝　交友投分　切磨箴規　仁慈隱惻　造次弗離　節義廉退　顛沛匪虧　性靜情逸　心動神疲　守真志滿　逐物意移　堅持雅操　好爵自縻　都邑華夏　東西二京　背邙面洛　浮渭據涇　宮殿盤鬱　樓觀飛驚　圖寫禽獸　畫彩仙靈　丙舍傍啟　甲帳對楹　肆筵設席　鼓瑟吹笙　升階納陛　弁轉疑星　右通廣內　左達承明　既集墳典　亦聚群英　杜稿鍾隸　漆書壁經　府羅將相　路俠槐卿　戶封八縣　家給千兵　高冠陪輦　驅轂振纓　世祿侈富　車駕肥輕　策功茂實　勒碑刻銘　磻溪伊尹　佐時阿衡　奄宅曲阜　微旦孰營　桓公匡合　濟弱扶傾　綺迴漢惠　說感武丁　俊乂密勿　多士寔寧　晉楚更霸　趙魏困橫　假途滅虢　踐土會盟　何遵約法　韓弊煩刑　起翦頗牧　用軍最精　宣威沙漠　馳譽丹青　九州禹跡　百郡秦并　嶽宗恆岱　禪主云亭　雁門紫塞　雞田赤城　昆池碣石　鉅野洞庭　曠遠綿邈　巖岫杳冥　治本於農　務茲稼穡　俶載南畝　我藝黍稷　稅熟貢新　勸賞黜陟　孟軻敦素　史魚秉直　庶幾中庸　勞謙謹敕　聆音察理　鑒貌辨色　貽厥嘉猷　勉其祗植　省躬譏誡　寵增抗極　殆辱近恥　林皋幸即　兩疏見機　解組誰逼　索居閒處　沉默寂寥　求古尋論　散慮逍遙　欣奏累遣　慼謝歡招　渠荷的歷　園莽抽條　枇杷晚翠　梧桐早凋　陳根委翳　落葉飄颻

贪赃枉法、排除异己，导致朝廷上一片乌烟瘴气。

宋徽宗生活上骄奢淫逸，挥霍无度，酷爱花石。他在江南搜罗奇花怪石长达20年。为了运输花石，他置关系国计民生的漕运于不顾，强征漕船和大量商船来运送花石，史称"花石纲"，耗费巨大。在搜集花石的过程中，各级官吏破屋坏墙，践田毁墓，敲诈勒索，大发横财，给江南百姓造成了深重的灾难。

在宋徽宗的统治之下，北宋国势急转直下，向着灭亡的深渊急速俯冲……

在这样一个历史的转折点，岳飞的一生注定不会在碌碌无为中度过。

宋徽宗崇宁二年（1103）二月十五日，岳飞出生于河北西路相州汤阴县（今河南省安阳市汤阴县）永和乡。岳飞的父亲名叫岳和，母亲是姚氏。

岳飞出生的时候，有一只大鸟从东南方向飞来，落在岳飞出生的房子上。岳和大为惊异，于是就给这个新生儿取名为"飞"。或许是受此影响，岳飞后来又得字"鹏举"。

在岳飞的孙子岳珂编写的《经进鄂王行实编年》和《宋史·岳飞传》中，都记载了这样一个故事：岳飞还没满月的时候，黄河突然发生洪水，洪水很快就冲到了永和乡。姚氏抱着岳飞坐到一个大瓮中，顺水漂流，后来被水冲到岸边，这才躲过一劫。

这个故事流传甚广，不过若是细细考证，故事很有可能是假的，原因有二：第一，目前关于宋代水旱灾害的资料中，都没有记载崇宁二年（1103）黄河该河段发生过洪水；第二，农历三月份正值春天，是中原地区一年中雨水最少的时候，几乎不可能发生洪灾。

岳飞的家庭是一个普通农家，他们家"有瘠田数百亩，仅足廪

岳飞像
选自《魏忠贤小说斥奸书》(明)佚名/著

食"。岳飞家经济状况不好，人却很多，母亲姚氏称呼岳飞为"五郎"，可见岳飞家男孩至少就有5个，再加上女孩，很有可能是一个有10口人左右的大家庭。家庭成员众多，让岳飞家的生活更加贫困，"常日以脱粟数升，杂蔬为糜，与家人旦暮食，取半饱"，每顿饭都只能吃个半饱。

虽然生活贫困，岳和却是个乐善好施的热心肠人。看到周围有人吃不上饭，岳和常把仅有的一点粮食拿出一部分给别人吃。家里人对岳和此举不满，岳和说道："彼饥者亦人尔，而能一二日不食。吾与若日再食，而犹欲求饱耶？吾欲裁吾之仅有，济人之绝无耳。"岳和的义举赢得了周围所有人的敬重。常言道，父母是孩子的第一任老师，品德高尚的父亲让幼年的岳飞受益良多。

岳飞少年时期，"少负气节，沉厚寡言"，"天资敏悟强记，书传无所不读"，尤其喜欢《左氏春秋》和孙吴兵法。因为家里穷，岳飞舍不得用蜡烛，于是就白天拾柴火，晚上在柴火的亮光下读书。

少年岳飞不仅好读书，还喜爱武艺，尤其擅长射箭。岳飞有一个同乡名叫周同，也喜欢射箭，岳飞的射术就是从他这里学的。一天，为了炫耀自己的能力，周同当众连射3箭，全部命中靶心。

周同对岳飞说："如此而后可以言射矣。"

岳飞不甘示弱地说："请试之。"他弯弓搭箭，也是连发连中，周同大为惊异，于是就把自己心爱的两张弓送给了岳飞。后来周同去世，为了报答周同，岳飞每逢初一、十五，就会到他的坟上祭奠。

看到儿子如此有情有义，父亲岳和感慨地说："使汝异日得为时用，其徇国死义之臣乎？"

在不断练习之下，岳飞的射箭技术日益精进，渐渐出神入化，"能左右射，随发辄中"。岳飞不仅射箭的精度好，力度也是非同一般，

第一章 初露峥嵘

"能引弓三百斤,腰弩八石"。

宋朝1斤大约等于现在的640克,300斤即现在的200千克左右,1石相当于现在118斤(59千克),8石即现在的950斤(475千克)。能够使用如此强劲的弓弩,可见岳飞膂力之惊人。

除了练习射箭之外,岳飞还向一个名叫陈广的人学习枪法。岳飞的枪法也练得炉火纯青,"一县无敌"。

宋朝是一个极为重视文化的朝代,北宋诗人汪洙有诗云:"天子重

祀周同墓
选自《会纂宋岳鄂武穆王精忠录》朝鲜刊本 (明)姚茂良/著

英豪,文章教尔曹。万般皆下品,惟有读书高。""少小须勤学,文章可立身。满朝朱紫贵,尽是读书人。"在北宋,武将的社会地位是很低的,只有科举出身的文人才能出人头地、位居将相。

岳飞既然天资聪慧,按说就应该去好好读书考科举,争取中进士,光宗耀祖,让父母过上好日子。他为什么没有去呢?

原因很简单,他家里实在是太穷了。因为家里穷,岳家所有人都要参加劳动,想方设法赚一口吃的,自然没有太多时间读书。也是因为家里穷,不可能给岳飞买书,岳飞只能借书读。

在宋朝想要考中进士,不博览群书,不经过十年寒窗苦读,是绝对不可能的。很明显,岳家不具备让岳飞读书考科举的条件,所以岳飞只能放弃这条道路。

随着年龄的增大,岳飞决定外出务工,减轻家里的负担,于是他来到相州安阳(今河南省安阳市)的韩家做了一名庄客。

这个韩家可不一般,祖上是宋神宗时期的名臣韩琦。

韩琦20岁就考中进士,威震天下。他为相十载、辅佐三朝,封爵魏国公,与范

韩琦
选自《古圣贤像传略》清刊本
(清)顾沅/辑录 (清)孔莲卿/绘

韩琦(1008—1075),字稚圭,号赣叟。北宋政治家、词人。

仲淹齐名,人称"韩范"。

　　来到韩家之后,岳飞不禁感慨,若是自己能像韩琦一样,那该有多好,只可惜上天不给自己机会。因为武艺出众,在做工之余,岳飞还兼职看家护院。

　　有一次,一股100多人的土匪到韩家来抢劫,岳飞拿着弓箭爬上院墙,一箭射死了土匪头目,其他土匪惊吓之余一哄而散,岳飞成功保卫了韩家的安全。

　　大概就是在此时,岳飞结婚了,他的妻子是刘氏。后来刘氏为岳飞生下了长子岳云。岳云生于宣和元年(1119),结婚大概是在政和八年(1118),即岳飞16岁的时候。这个年龄放在现在也就是个高中生,远远没有到结婚的年纪,但是在普遍早婚早育的古代,岳飞16岁结婚,17岁生子,实在是一件再平常不过的事情。

　　后来岳飞离开了韩家,来到相州的某个县做了一名弓手。

　　在北宋时期,每个县设有县尉,专门负责社会治安。县尉手下有若干弓手,类似于捕快。县尉手下设置弓手的数量,是根据本县的人口及"安定"程度来判断的,少则10人,多则30人。以岳飞的身手,当一名弓手自然是绰绰有余。弓手的工资并不高,也就是刚刚够养家糊口。岳飞的性格决定了他不是那种纵容犯罪、收受贿赂、贪赃枉法之人,所以弓手这个职业不可能让岳飞的生活有根本性改善。

　　岳飞身手这么好,为什么不去从军呢?

　　这是因为在宋朝,军人的待遇不高,社会地位更低。按照宋朝的规定:"上等禁军月俸一贯(即1000文);中等700文或500文;下等士兵300文到500文不等。地方厢军,月工资依次递减。"此外,每名士兵每月可以领到两石到两石半粮食。即使是上等禁军的工资,也只能勉强养活一家三口,如果家里人口多一些,或者只是个下等禁军,那么根本不够。此外，北宋时期一旦从军，就要刺字，时人蔑称军人为"贼配军"。弓手虽然收入也不高，但是好歹自由，随时可以改行，比当兵强。

此时的岳飞心里想：一辈子就要这么碌碌无为吗？一生就要这么平平淡淡地过下去吗？或许是吧……

第一章　初露峥嵘

第二节　投身军旅

当岳飞过着自己平平淡淡的生活时，一场厄运正在向宋朝缓缓靠近……

宋朝北面的敌人是辽朝。"澶渊之盟"签订后，宋辽两国维持了百余年的和平局面。政和四年（1114）九月，辽朝统治下的女真人首领完颜阿骨打起兵反辽。次年正月，完颜阿骨打称帝，国号大金。辽朝末代皇帝耶律延禧（天祚帝）屡次派大军征讨金朝，但是连战连败。政和六年（1116）五月，金军占领辽朝东京辽阳府（今辽宁省辽阳市）。宣和二年（1120），金军攻陷辽朝上京临潢府（今内蒙古自治区赤峰市巴林左旗南波罗城），由此金军攻占了辽朝近一半的国土。

得知辽朝即将亡国，宋徽宗与大臣蔡京、童贯等人决定联金攻辽，一方面向金朝示好，另一方面是想借机收复200年前后晋割让给辽朝的燕云十六州之地。

政和八年（1118），宋朝使者从海路赴金，商议联合灭辽事宜。经过2年的艰苦谈判，宣和二年（1120）双方商定：金攻取辽中京大定府（今内蒙古自治区赤峰市宁城县大明镇），宋攻取辽南京析津府（今北京市）。辽亡后，宋朝将原来给辽朝的岁币转交给金国，金国同意将燕云十六州之地归还宋朝。这次宋金结盟，史称"海上之盟"。

宣和四年（1122），金军攻下中京大定府，辽天祚帝逃亡沙漠，同时另一路金军也攻下西京大同府（今山西省大同市），辽朝仅剩下以南京析津府为核心的弹丸之地。

看到辽朝灭亡只在旦夕之间，宋徽宗觉得到了乘人之危的时候了，于是他派童贯、蔡攸率领宋军精锐部队10余万人进攻辽朝。令人大跌眼镜的是，面对辽朝的残兵，宋军竟然被打得一败涂地。史载"（宋军）相蹂践死者百余里，自熙、丰以来，所储军实殆尽"。

前线大败后，宋朝北境国防门户洞开，宋徽宗急忙命令河北官员募兵，防止辽军南侵，于是真定宣抚使刘韐招募"敢战士"以御辽。

得知了募兵的消息后，岳飞深感国家有难，虽然自己不过是一介平民，但是依然义不容辞，于是毅然投军。在见到仪表堂堂、英武不凡的岳飞后，刘韐对他非常欣赏，任命岳飞为"敢战士"中的一名小队长。

女真
选自《三才图会·人物》明刊本
（明）王圻、王思义/撰辑

女真族，源于3000年前的肃慎，曾用挹娄、勿吉、黑水靺鞨等名，唐初称"女真"。辽朝时，女真分生、熟两部。金收国元年（1115），金太祖统一各部，建立金朝，后迁都燕京，女真人南迁，与汉人融合。

第一章　初露峥嵘

自此，20岁的岳飞便开始了他的军旅生涯。

虽然岳飞从军的初衷是为了防备辽军，但是他军旅生涯首战的对手却是一帮土匪。当时在相州（今河南省安阳市）有一股土匪，首领名叫陶俊、贾进，这股土匪打家劫舍、烧杀抢掠、无恶不作，给当地人民带来了巨大的灾难，官军多次围剿，都以失败告终。

得知此事后，岳飞请求率领100名骑兵，前去为民除害。刘韐非常支持，给了岳飞步兵、骑兵共200人。

到了相州之后，岳飞并没有硬拼，他先派30人伪装成商人，故意在土匪的老巢附近经过，果不其然，他们遭到了土匪的抢劫。陶俊、贾进抢完财物之后，看到这30人都是青年男子，就把他们全都补充到了自己的队伍里。得知土匪中计之后，岳飞将剩下的人马分成两路，100人在土匪所在的山下埋伏，岳飞亲自率领数十名骑兵对土匪的老巢发动强攻。

看到岳飞的人马不多，陶俊、贾进率众走出营寨迎战，陶俊嚣张地坐在马上对岳飞破口大骂。岳飞佯装不敌，率众撤退，陶俊、贾进率众穷追不舍。当土匪进入山下的伏击圈之后，岳飞一声令下，宋军伏兵四起，土匪一片大乱。之前被土匪抓获的30名宋军士兵也趁机起事，将陶俊、贾进擒获。众土匪群龙无首，惊惧之下茫然无措，最终全部被岳飞擒获。这股困扰当地多年的土匪就这样被岳飞率军消灭了。

消灭陶俊、贾进一战虽然规模很小，但是岳飞的作战部署却是非常精妙的。军旅生涯首战就能够有如此精彩的表现，足见岳飞天生就是将帅之才。

虽然迎来了军旅生涯开门红，但是过了不久，岳飞突然收到家里传来的消息：他的父亲岳和去世了。按照中国传统礼法，父母去世，儿子要在家守孝3年（实际为27个月）。于是岳飞辞别刘韐，离开军队，赶回汤阴为父亲守孝，他的第一次军旅生涯就这样结束了。

宣和六年（1124），岳飞守孝期满，为了谋生，他去附近的城市当了一名"游徼"。所谓"游徼"，和岳飞之前当过的弓手差不多，都是负责巡查盗贼。

这一年，河北等路发生水灾，为了减少灾民的反抗情绪，北宋朝廷按照惯例实行"荒年募兵"的政策，征召灾民中的青壮年从军，于是岳飞再度从军。进入军队后，岳飞被分配到河东路平定军（今山西省平定县和昔阳县），成为这里的一名骑兵，不久被擢为偏校（没有品级的下级武官）。

岳飞第二次从军之后不久，一场大战猝然而至。

宣和五年（1123），金太祖完颜阿骨打去世，其弟完颜晟继位，是为金太宗。金太宗继续进攻辽朝。宣和七年（1125），金军俘虏辽天祚帝耶律延禧，辽朝灭亡。

在宋金联合灭辽的过程中，金人看清了宋朝政治的腐败和军队战斗力的低下，这激发了他们对中原的觊觎之心。金灭辽后，遂将进攻矛头指向宋朝，宋金战争由此爆发。

宣和七年（1125）十月，金朝借口北宋破坏双方订立的海上之盟，南下攻宋。金军兵分两路：西路军以完颜宗翰为主将，由大同进攻太原；东路军以完颜宗望为主将，由平州攻燕山，两路金军计划在北宋都城开封会合。

宣和七年（1125）十二月，金军西路军攻破代州（今山西省忻州市代县），进抵太原城下。太原守军拼死抵抗，金军久攻不下，被牢牢牵制在太原。

与西路军相比，金军东路军势如破竹，进展顺利。十二月，金军先后攻破真定府和信德府（今河北省邢台市）。靖康元年（1126）正

第一章 初露峥嵘

宋钦宗坐像
（宋）佚名／画　收藏于中国台湾台北故宫博物院

月,金军渡过黄河,攻下滑州(今河南省安阳市滑县),随后进抵北宋首都开封城下。

宋徽宗惊慌失措,急忙将帝位禅让给儿子赵桓,是为宋钦宗,宋徽宗自己南逃镇江。开封军民在大臣李纲的率领下顽强抵抗,各地勤王之师纷纷赶来救援开封。完颜宗望见形势不利,于是开始和谈。宋钦宗向金军供奉了大批金银,许割太原、河间、中山等地于金,金军这才撤军。

第一次南侵结束之后不久,宋钦宗反悔割地,金军于靖康元年(1126)八月发动了第二次南侵,这次南侵的作战部署和主帅和上次一样。有鉴于上次失败的教训,此次金军把进攻重点放在了太原。

为了救援太原,宋钦宗先后派出种师中、姚古、刘韐等人。

岳飞所在的平定军毗邻太原,处在抗金最前线,所以岳飞也参加了救援太原的战斗。一名姓季的团练使命令岳飞率领100多名骑兵,前往太原附近的寿阳、榆次一带进行侦察,为刘韐这路宋军救援太原做准备。

李纲

选自《古圣贤像传略》清刊本
(清)顾沅/辑录 (清)孔莲卿/绘

李纲(1083—1140),字伯纪,一字天纪,号梁溪先生、梁溪居士、梁溪病叟,两宋之际抗金名臣。

在行军的路上,岳飞突然与金军遭遇,因为金军战斗力强悍,所以岳飞麾下的士兵都惧怕不已。为了打消士兵心中的畏惧,岳飞单骑突入金军军阵,连续斩杀数名金军,宋军士兵大受鼓舞,向金军发动进攻,剩下的金军慌忙逃走。

金人遣使议和
选自《新刊按鉴演义全像大宋中兴岳王传》明刊本 (明)余应鳌/编

金兵回国
选自《新刊按鉴演义全像大宋中兴岳王传》明刊本 (明)余应鳌/编

击败了金军之后,岳飞并不满足,他命令士兵打扫战场,将金军士兵的服装铠甲全部收集起来。到了晚上,岳飞率领部分士兵换上金军的装备,悄悄潜入金军大营。遇到有金军士兵盘问,岳飞就简单说几句女真语搪塞过去。岳飞把金军营寨走了个遍,圆满完成了侦察任务,随后全身而退。回到军营后,岳飞因功由偏校升任进义副尉。

　　虽然各路宋军全力救援,但是没有打破金军对太原的包围。靖康元年(1126)九月,太原城破,金军南下道路上最大的阻碍被消除。

　　随后金军南下进攻岳飞所在的平定军,平定军城小力弱,自然难以抵挡,很快就被金军攻破。岳飞被迫带着妻子刘氏、长子岳云和刚出生不久的次子岳雷回到家乡避难。

　　至此,岳飞第二段军旅生涯宣告结束。

　　在南下攻宋的过程中,金军所过之处,烧杀抢掠、无恶不作,其暴行罄竹难书。金军围攻濮州(今河南省濮阳市)时,知州杨粹中率军固守。城破之后,"金人以不归附,城中无少长良贱,大肆杀戮,仍

百姓逃避金兵
选自《新刊按鉴演义全像大宋中兴岳王传》明刊本 (明)余应鳌/编

第一章　初露峥嵘

金兵焚烧城门
选自《新刊按鉴演义全像大宋中兴岳王传》明刊本　（明）余应鳌/编

金人掳掠女子
选自《新刊按鉴演义全像大宋中兴岳王传》明刊本　（明）余应鳌/编

火焚其庐舍,俱尽"。金军进攻开德府(今河南省濮阳市一带),城中百姓杀死了想要投降的知府,据城抵抗。城破之后,金军将城内百姓屠戮殆尽。对于当时的惨状,史载"东及沂、密,西至曹、濮、兖、郓,南至陈、蔡、汝、颍,北至河朔,皆被其害。杀人如刈麻,臭闻数百里,淮、泗之间,亦荡然矣"。

在逃回家乡的途中,岳飞亲眼看见了山河破碎、生灵涂炭的惨状,他心中对金军产生了刻骨铭心的仇恨。唯一的好消息是,岳飞回到家乡之后,发现母亲姚氏躲过了这场浩劫。劫后余生,母子相见,两人不禁抱头痛哭。岳飞想要从军,保家卫国,但是又担忧老母年迈、妻儿力弱,在兵乱中难保安全,内心犹豫。姚氏明白岳飞心中所想,她深明大义,知道男子汉大丈夫应当以家国天下为重,于是积极劝说岳飞"从戎报国"。

民间一直流传着"岳母刺字"的故事,说的是岳飞母亲姚氏在岳飞背上刺上了"尽忠报国"4个字,以勉励岳飞。

岳母刺字
年画

关于"岳母刺字",宋朝的史书中并没有记载,岳飞之孙岳珂编纂的《鄂国金佗稡编》中也没有记录。最早记载"岳母刺字"的书,是《唐门岳氏宗谱》,但是这本书编纂于明朝,可信度并不高。

虽然"岳母刺字"的真假已经难以考证,但是岳飞背上刺有"尽忠报国"4个字却是确凿无疑的。《宋史·岳飞传》中记载,岳飞在临死前撕开衣服,"以背示铸,有'尽忠报国'四大字,深入肤理"。至于这4个字是谁刺的,什么时候刺的,已经无从查考。

虽然姚氏有可能并没有将"尽忠报国"这4个字刺在岳飞的背上,但是她一定将这4个字深深地"刺"进了岳飞的心里。此后,岳飞用自己的一生践行着这4个字。

在母亲的再三劝导之下,岳飞留下妻子照顾母亲,辞别亲人,又投身抗金战场。

如果说前两次从军都是为了养家糊口,那么这第三次从军,纯粹是为了保家卫国。从此以后,岳飞开启了一段波澜壮阔的人生历程……

第三节 河北抗金

靖康元年(1126)冬,武翼大夫刘浩正在相州招募义士,收编溃兵,岳飞来到刘浩麾下效力。

到了刘浩麾下之后,岳飞接到的第一个任务并不是与金军作战,而是收编一支土匪武装,这伙土匪的首领名叫吉倩。

如果是在平常,刘浩直接就让岳飞带人去把这伙土匪消灭了,但是眼下国难当头,刘浩觉得还是应当尽可能扩充队伍,以对抗金军,所以

岳飞投见刘浩
选自《新刊按鉴演义全像大宋中兴岳王传》明刊本 (明)余应鳌/编

他给了岳飞100名骑兵,让岳飞去将吉倩所部收编。

岳飞带着人马就出发了,傍晚时分来到了吉倩的营寨附近。岳飞考虑到,如果他直接带着大队人马去找吉倩,吉倩肯定认为官军是来消灭他们的,必然会高度紧张和戒备,反而会增加收编的难度。于是,岳飞命令士兵安营扎寨,自己仅带着4个人去见吉倩。进入营寨之后,岳飞对众土匪说道:"胡虏犯顺,汝曹不辅义以立功名,反于草间苟活。今我以大元帅命,招纳汝曹,此转祸为福之秋也。"

岳飞的话说得入情入理,吉倩等人深以为然,他们之前也听说过岳飞的名气,对岳飞非常佩服,所以决定向官军投诚。随后,吉倩大摆宴席,请岳飞喝酒,岳飞胸怀坦荡,丝毫不担心吉倩会在酒菜里下毒,吃喝如常。虽然答应了岳飞,但是吉倩依然有所担心,毕竟他们以前干过不少坏事,他担心官府会秋后算账。

酒过三巡之后,吉倩说:"倩等既搔动州县,今既受招,恐未免诛戮。"岳飞再三保证,吉倩等人过去的事情一笔勾销,吉倩这才放下心来。

就在一切进展顺利之时,有一名土匪可能是不想归顺官府,突然起身向岳飞猛扑过来,岳飞反应迅速,一拳打在他的脸上,将其打倒在地,随后抽出佩剑指向这名土匪。突如其来的变故把吉倩等人吓坏了,他们纷纷跪倒在地,向岳飞求饶。岳飞倒是没在意,收起佩剑,带着这支队伍返回。此次行动,岳飞一共收编土匪380人,他因功升为从九品的承信郎。

回到军营之后,岳飞得知自己所在的部队已经被划归河北兵马大元帅府统辖,这位河北兵马大元帅的名字,岳飞之前曾经听说过,叫赵构。

赵构,生于大观元年(1107),比岳飞小4岁。赵构是宋徽宗赵佶的第九子,母亲韦氏出身贫寒,在宫里一直不受重视。长大之后,赵构能文能武，是个难得的人才，史载赵构"资性朗悟，博学强记，读书日诵千余言，挽弓至一石五斗"。宣和三年（1121），赵构被封为康王。

靖康元年（1126）正月，金军第一次南侵结束，准备撤军时，要求北宋朝廷派一名王爷来做人质，一向不受重视的赵构被哥哥宋钦宗推了出来。到了金军大营之后，赵构镇定自若，毫无惧色。有一次他与金军将领一起射箭，竟"三矢一连中"，让善于弓马的金军上下惊叹不已。

看到赵构如此勇武，金军统帅完颜宗望怀疑他是"将家子弟"，而不是生长于深宫的皇子，于是要求宋钦宗以肃王赵枢换康王赵构。赵构离开金军大营，逃过一劫。

靖康元年（1126）十月，金军再次兵临开封城下，宋钦宗派遣赵构前往金营求和。十一月，赵构到达磁州（今河北省邯郸市磁县），知州宗泽对他说："肃王一去不返，今敌骑已迫近，大王去无益，不如暂且留下。"于是赵构退回相州。此时开封已经被金军包围，宋钦宗急忙命人向赵构传诏，任命赵构为河北兵马大元帅，让他率军救援开封。相

刘浩引岳飞见康王
选自《新刊按鉴演义全像大宋中兴岳王传》明刊本 （明）余应鳌/编

第一章　初露峥嵘

宋高宗坐像
（宋）佚名 / 画
收藏于中国台湾台北故宫博物院

宋高宗赵构（1107—1187），字德基，宋朝第十位皇帝，南宋开国皇帝（1127年至1162年在位），宋徽宗赵佶第九子、宋钦宗赵桓之弟。赵构在徽宗时被封为蜀国公、广平郡王、康王。钦宗时，金军首次南下围东京，他入金营为质。靖康元年（1126），金军再次南下，他出使求和，中途返相州，任河北兵马大元帅。靖康之变后，东京失守，他至南京应天府（今河南省商丘市）登基，改元建炎，建立南宋。金军进逼，他南迁多地，绍兴八年（1138）正式定都临安（今浙江省杭州市）。其间，他任用岳飞、韩世忠抗金，同时用汪伯彦、黄潜善、秦桧等对金媾和，绍兴十一年（1141）达成"绍兴和议"，放弃旧疆，对金称臣纳贡，奠定南宋偏安局面。同年，削诸将兵权，杀岳飞，长期委任秦桧，维持和议。

金太子与康王射箭
选自《新刊按鉴演义全像大宋中兴岳王传》明刊本 （明）余应鳌/编

康王泥马渡河
选自《新刊按鉴演义全像大宋中兴岳王传》明刊本 （明）余应鳌/编

传说，在靖康之变时，赵构沦为金人的阶下囚后，与金国太子练习箭术，赵构连发3箭，箭无虚发，皆中靶心，这让金人猜疑，认为宋朝是在将领家族中精心挑选了一位武艺超群的人来冒充康王。他们觉得这种小角色留着也无用，就把他放了。重获自由的赵构，一边逃一边躲，身心俱疲，最终在崔府君庙内找到了一个可以休息片刻的地方。在梦中，一位神人告诉他："金兵追兵将至，速速离去。你的坐骑已备好，正候在门外。"赵构从梦中惊醒，环顾四周，果然发现一匹骏马静静守候在侧，他立刻跃上马背，朝南疾驰而去。待他渡过一条宽阔的河流后，那匹马却突然止步不前。赵构疑惑地下马查看，这才惊讶地发现，原来他所骑乘的竟是庙中的一尊泥马。

州、磁州等地的兵马全都被划归赵构统辖。

对于赵构，岳飞只闻其名，并不熟悉。此时的岳飞不会想到，赵构未来竟然会成为皇帝，自己的人生命运，将会和他牢牢绑定在一起。

赵构命令刘浩率军南趋浚州（今河南省鹤壁市浚县）、滑州，作为疑兵牵制金军。刘浩率众出发后，命令岳飞带领300名骑兵前往魏县（今河北省邯郸市魏县）李固渡侦察。

在一个叫侍御林的地方，岳飞所部和金军遭遇，岳飞毫无惧色，率军奋战，将这股金军击败，他还亲手斩杀了一名金军将领。岳飞因功升为正九品的成忠郎。

随后，刘浩率军在滑州和金军对峙。有一天，岳飞带着100多名骑兵沿河巡逻，当时天气寒冷，河面已经冰封，岳飞突然发现对岸有一队金军正在袭来。

岳飞对部下说道："虏虽众，未知吾虚实，及其未定，击之可以得

岳飞杀死金将
选自《新刊按鉴演义全像大宋中兴岳王传》明刊本 （明）余应鳌/编

志。"随后岳飞率军迎战。一名金军将领挥舞着大刀向岳飞砍来，岳飞挥刀格挡，兵刃相交之下，岳飞的刀砍入敌人的刀刃一寸多深。随后岳飞抽出刀来，一刀将这个金军将领的头砍了下来。岳飞率军奋勇作战，将这支金军击败。此战获胜之后，岳飞再次官升一级，升任从八品的秉义郎。

靖康元年（1126）十二月，赵构在相州设立大元帅府，广招兵马，很快周围的宋军纷纷聚集到赵构的麾下。宋钦宗派人来到相州，要求赵构立刻率军救援开封。但是真需要独当一面，和金军对垒的时候，赵构却失去了往日在金军大营内谈笑自若的气概，变得患得患失、畏缩不前。赵构先是向东移师至大名府（今河北省邯郸市大名县），后来又退往东平（今山东省泰安市东平县）。他派宗泽率军前往澶州（今河南省濮阳市一带），并且对外宣称自己就在宗泽军中，以掩饰自己怯懦逃跑的行为。

就在此时，开封传来消息：金军已经攻破开封。

太原失陷之后，金军东西两路快速南下，于靖康元年（1126）十一月到达开封城下。

此时，李纲等主战派大臣已经被罢免，各地前来的勤王之师已经被解散，开封城的守备非常空虚。病急乱投医的宋钦宗重用了一名叫郭京的江湖骗子，他声称能施道门"六甲法"，用7777人为"六甲神兵"布阵，可生擒金将并退敌。宋钦宗如此昏聩，结局可想而知。金军攻破开封城，宋徽宗、宋钦宗全部被俘。

开封已经城破，还有必要继续救援开封吗？当然有必要，两位皇帝被俘，作为臣子怎么能视若无睹呢？

岳飞随刘浩部隶属宗泽，准备收复开封，这是岳飞第一次见到他仰慕已久的宗泽。

第一章　初露峥嵘

第四节　隶属宗泽

宗泽，生于嘉祐四年十二月（1060年1月），年龄相当于岳飞的祖辈，婺州义乌（今浙江省义乌市）人。元祐六年（1091），宗泽考中进士，步入仕途，但是他的仕途一直不顺利，始终只是个小小的县令，直到年近六旬时才升为登州通判。

靖康元年（1126），宗泽被任命为磁州知府。当时河北地区饱受金军蹂躏，很多官员都借故不去河北上任，宗泽说道："食禄而避难，不可也。"随后仅带着十几个随从就前往磁州。在磁州，宗泽缮城壁、浚湟池、治器械、

宗泽
选自《古圣贤像传略》清刊本
（清）顾沅／辑录　（清）孔莲卿／绘

宗泽（1060—1128），字汝霖。两宋之交杰出的政治家、军事家，民族英雄。

募义勇，使得磁州的防御能力大大加强。

靖康元年（1126）十月，金军数千骑兵进攻磁州，宗泽亲自登城指挥战斗，不但守住了城池，还派兵出击，斩首数百，大获全胜。

得知开封危急，宗泽亲自率军救援开封，在路上与金军遭遇，宗泽率军大败金军。到了晚上，宗泽又派壮士乘夜袭击金营，攻破30余寨。当时宋军在和金军的作战中连战连败，宗泽是少有的能打胜仗的宋军将领。更为难得的是，宗泽是个将近70岁的文官，这使得宗泽名扬天下，成为当时主战派的代表人物之一。

岳飞对宗泽仰慕已久，之前一直无缘得见，现在终于有机会在宗泽麾下效力，这让岳飞异常兴奋。随后，宗泽率军创造了一系列耀眼的战绩，让初出茅庐的岳飞惊叹不已。

靖康二年（1127）正月，宗泽率军进至开德府，与金军先后交战13次，全部取胜。金军两次进攻开德府，都被宗泽率军击败。之后宗泽率军进抵卫南（今属河南省安阳市滑县），与金军遭遇，双方展开激战，金军援军不断赶来，宋军的处境越来越不利。宗泽激励众将士道："今日进退等死，不可不从死中求生。"宋军士兵无不以一当百，斩杀金军数千人，大获全胜。

在宗泽麾下，岳飞的表现越来越出色。这年正月，在开德府的一次战斗中，岳飞连发两箭，将金军的两名执旗手全部射死，随后他率军冲杀，把金军打得大败，缴获了大量武器装备，岳飞因功升任正八品的修武郎。

二月，岳飞随军转战曹州（今属山东省菏泽市）。在曹州的战斗中，岳飞披散着头发，挥舞着四刃铁锏，身先士卒，直冲金军的军阵。众将士在岳飞的感召下奋勇作战，史载"士皆贾勇，无不一当百，大破之，追奔数十里"。此战获胜后，岳飞官升一级，升任从七品的武

第一章 初露峥嵘

翼郎。

此时赵构传来命令,将刘浩所部改隶黄潜善,岳飞不得不暂时脱离宗泽的管辖。可是黄潜善根本不愿和金军作战,他固守不出,导致岳飞失去了和金军作战的机会。

宗泽率军奋力作战的时候,作为统帅的赵构在干什么呢?

他什么也没干。靖康二年(1127)正月,赵构率军来到东平,后来又退到济州,在此期间各路宋军和义军源源不断地前来投奔赵构,史载"时帅府官军及群盗来归者号百万人",其中包括韩世忠、刘光世等一代名将。

面对父兄被俘、开封百姓惨遭金兵蹂躏的局面,赵构始终按兵不动、作壁上观,坐视宗泽率军在前线孤军奋战。

宗泽最终还是没能接近开封城。在开封城内大肆抢掠一番之后,靖康二年(1127)三月,金军北返。宋徽宗、宋钦宗两位皇帝,以及宋朝亲王、皇孙、驸马、公主、妃嫔、大臣全部被金军押解北上。被金人掳去的还有朝廷各种礼器、古董文物、图籍、宫人、内侍、倡优、工匠等,加上被掳掠的百姓,总人数超过10万人,宋朝府库积蓄为之一空。临走之前,金人册立宋朝大臣张邦昌为傀儡皇帝,建国号曰"大楚"。这次事件被称为"靖康之变"或"靖康之耻"。

靖康之变后,宋徽宗、宋钦宗和几乎所有宗室诸王都被金军俘虏,赵构成了宋徽宗唯一一个没有被俘的儿子,自然受到各方拥戴。

社稷不可一日无主,靖康二年(1127)五月,康王赵构在应天府(今河南省商丘市)即位,是为宋高宗,改元建炎,他建立的朝代历史上称"南宋"。

金军既然已经撤走,作为皇帝的宋高宗应该立即前往首都开封,整顿江山社稷。但是宋高宗觉得开封这个地方离金人实在是太近,如果金军再次南下,就太危险了,他预备南行"巡幸",退到长江流域躲避战火。

得知这一消息,岳飞震惊不已,他不顾自己官卑职低,越级上书,毅然向宋高宗"上书数千言",他写道:

> 陛下已登大宝,黎元有归,社稷有主,已足以伐虏人之谋;而勤王御营之师日集,兵势渐盛。彼方谓吾素弱,未必能敌,正宜乘其怠而击之。而李纲、黄潜善、汪伯彦辈不能承陛下之意,恢复故疆,迎还二圣,奉车驾日益南,又令长安、维扬、襄阳准备巡幸。有苟安之渐,无远大之略,恐不足以系中原之望。虽使将帅之臣勠力于外,终亡成功。为今之计,莫若请车驾还京,罢三州巡幸之诏,乘二圣蒙尘未久,虏穴未固之际,亲帅六军,迤逦北渡。则天威所临,将帅一心,士卒作

康王南京坐皇帝位
选自《新刊按鉴演义全像大宋中兴岳王传》明刊本 (明)余应鳌/编

气，中原之地，指期可复。

岳飞不过是个七品小官，竟然敢上书规劝皇帝、斥责宰相，触怒了同样主张南迁的大臣黄潜善和汪伯彦，他们斥责岳飞是"小臣越职，非所宜言"，将岳飞革除军籍、逐出军营。

在被革除军籍之后，岳飞过了几个月颠沛流离的生活，他想寻找一个容身之处，让自己重新获得报国的机会。

八月，岳飞见到了在河北西路招抚司担任干办公事的赵九龄，赵九龄见到岳飞之后，觉得岳飞是个人才，于是将他推荐给了自己的上级，岳飞因此得以结识河北西路招抚使张所。

和宗泽一样，张所也是当时主战派的代表人物，他一直主张宋高宗前往开封，并且说过"国之安危在乎兵之强弱，将相之贤不肖，不在乎都之迁不迁"。正是因为有着同样的志向，张所在见到岳飞之后，对岳

岳飞叩见张所
选自《新刊按鉴演义全像大宋中兴岳王传》明刊本 （明）余应鳌/编

飞非常欣赏。但是好感归好感，张所还是想看看岳飞有没有真本事，于是他问道："闻汝从宗留守，勇冠军，汝自料能敌人几何？"

岳飞回答道："勇不足恃也，用兵在先定谋。谋者，胜负之机也，故为将之道，不患其无勇，而患其无谋。今之用兵者皆曰：'吾力足以冠三军。'然未战无一定之画，已战无可成之功。是以'上兵伐谋，次兵伐交'，栾枝曳柴以败荆，莫敖采樵以致绞，皆用此也。"

张所本以为岳飞是普通士兵出身，只有一腔勇武，应该没什么文化，没想到岳飞竟然颇有文采，是个能文能武的人才。他高兴地说道："公殆非行伍中人也！"他急忙让岳飞坐下，咨询岳飞对当今时局的看法。

说到时局，岳飞心痛地说道："今日之事，惟有灭贼虏，迎二圣，复旧疆，以报君父耳！"

张所说道："主上以我招抚河北，我惟职是思，而莫得其要，公尝

张所岳飞共饮
选自《新刊按鉴演义全像大宋中兴岳王传》明刊本 （明）余应鳌/编

第一章 初露峥嵘

计之否？"

对于如何应对当前面临的局势，岳飞早已思虑过，他对张所说道：

> 昔有人言，河北视天下犹珠玑，天下视河北犹四肢。言人之一身，珠玑可无，而四肢不可暂失也。本朝之都汴，非有秦关百二之险也。平川旷野，长河千里，首尾绵亘，不相应援，独恃河北以为固。苟以精甲健马，冯据要冲，深沟高垒，峙列重镇，使敌入吾境，一城之后，复困一城，一城受围，诸城或挠或救，卒不可犯。如此则虏人不敢窥河南，而京师根本之地固矣。

岳飞的意思很简单，河北地区是开封的屏障，是绝对不能丢的。眼下应该在河北加强城防，在金军进攻的时候，城池之间互为倚仗，金军自然就不敢长驱直入了。

随后，岳飞说道：

> 今朝廷命河北之使而以招抚名，越河以往，半为胡虏之区，将何以为招抚之地。为招抚职事计，直有尽取河北之地，以为京师援耳。不然，天下之四肢绝，根本危矣。异时丑虏既得河北，又侵河南，险要既失，莫可保守，駸駸未已，幸江幸淮，皆未可知也。招抚诚能许国以忠，禀命天子，提兵压境，使飞以偏师从麾下，所向惟招抚命耳，一死乌足道哉！

岳飞希望张所能够早日率军收复河北，自己愿意在张所麾下效力，万死不辞。

听了岳飞的话，张所激动万分，岳飞阐述问题条分缕析、逻辑严谨、洞察力极强,是个满腹文韬武略的人才。更难得的是岳飞身上那股磅礴的爱国豪气,张所由此认定岳飞将来必成大器。

张所决定重用岳飞,他先是将岳飞"以白身借补武经郎",然后又升岳飞为统领,之后升为统制,隶于名将王彦部下。

在准备妥当之后,张所命令王彦率领岳飞、张翼、白安民等11名将领及士兵7000人,前去收复卫州。虽然和张所相处的时间只有一个多月,但张所无疑是岳飞生命中的第一位贵人。岳飞对张所非常感激。当张所送他们出征的时候,岳飞没有想到,这竟然是两人的永别。

王彦、岳飞等人出征之后不久,因为一直主战,张所被贬官至岭南。在前往岭南赴任的途中,经荆湖南路时,张所为土匪刘忠所害。岳飞身居高位后,没有忘记张所的知遇之恩,他花费数年的时间,终于找到张所的儿子张宗本,"教以儒业,饮食起居,使处诸子右"。绍兴七年(1137)岳飞上奏朝廷,追复张所,让张宗本荫补为官,以报答张所

岳飞领兵前往河北
选自《新刊按鉴演义全像大宋中兴岳王传》明刊本 (明)余应鳌/编

当年的知遇之恩。

王彦、岳飞率军渡过黄河,来到卫州新乡(今河南省新乡市),在这里他们遭遇大批金军,王彦觉得双方众寡悬殊,决定避其锋芒,暂且避战。

年轻气盛的岳飞不理解王彦的想法,他对王彦说:"二帝蒙尘,贼据河朔,臣子当开道以迎乘舆。今不速战,而更观望,岂真欲附贼耶!"岳飞竟然说王彦避战是想投降金军,这话说得实在是过分了。

看到岳飞对主将说话如此无礼,一名姓刘的幕僚看不下去了,他在手上写了一个"斩"字,示意王彦直接将岳飞斩了。不过王彦始终默不作声,他不愿意和岳飞多做口舌之争,岳飞见自己的劝说无效,愤而离开。

既然王彦不动,岳飞决定自己率军出战,他率领所部主动向金军发动进攻,将金军击败,缴获了金军的大纛(军队中的一种大旗)。回营之后,岳飞向士兵们挥舞这面大纛以激励士气。宋军士气倍增,纷纷跟着岳飞一起出战,岳飞率军顺利攻克新乡,随后击败了金军千户阿里孛和万户王索的进攻。

金军连战连败,他们以为宋朝大军到达了新乡,调集大军对王彦、岳飞所部发起猛攻。当时金军"数万众,薄彦垒,围之数匝",王彦、岳飞率领的7000名宋军根本抵挡不住金军的猛烈攻势,最终宋军溃散,王彦和岳飞各自率军突围。

第二天,岳飞率军与金军在侯兆川(今河南省辉县市西北30里)遭遇。战前,岳飞对士兵们说道:"吾已两捷,彼必并力来。吾属虽寡,当为必胜计,不用命者斩!"战斗开始后,宋军很快就陷入苦战,士兵死伤众多,岳飞自己也负伤10余处,依然率军拼死作战,最终击败了金军,但岳飞所部伤亡巨大,粮草短缺,处境非常困难。

较之岳飞的艰难处境，王彦的发展就顺利多了。王彦率军转战几十里，进入共城（今河南省辉县市东）西山，并派遣心腹联络两河豪杰，结成联盟，共同抗金。为了表示和金军不共戴天，王彦和他麾下的士兵都在脸上刺上了"赤心报国，誓杀金贼"八字，以示忠于宋廷。王彦领导的这支部队就是赫赫有名的"八字军"。

"八字军"的名声越来越大，各地义军纷纷响应，队伍扩大到十几万人，金军屡次进攻都以失败告终。

听闻王彦所部发展壮大，岳飞感到很后悔。为了能够继续自己抗金的愿望，也为了让下属摆脱艰难的处境，岳飞决定去找王彦，向王彦谢罪。岳飞单骑进入王彦军营，向王彦请罪。见岳飞来了，王彦的很多下属都劝王彦直接将岳飞斩了，以严明军纪。岳飞见状，不禁有些害怕。

对于岳飞当初目无军令，王彦一直耿耿于怀，但是他明白岳飞是个难得的人才，并不愿意枉杀忠良，于是他对岳飞说道："汝罪当诛，然去吾之久，乃能束身自归，胆气足尚也。方国步艰危，人才难得，岂复仇报怨时邪！吾今舍汝。"随后王彦给了岳飞一杯酒，让岳飞离开。

在王彦那里吃了闭门羹之后，岳飞不得不带领部下继续苦战。在此后频繁的战斗中，岳飞依然有着亮眼的表现。他先是在太行山下击败了金军，擒获了金军将领拓跋耶乌，缴获了大量马匹。几天之后，岳飞率部又与金军遭遇，岳飞手持一柄一丈八尺长的铁枪，单人单马冲锋在前，一枪刺死了金军将领黑风大王，再度将金军击败。

宋高宗南逃后，始终不愿意返回都城开封，但是他又不敢冒天下之大不韪放弃开封，于是就任命宗泽为开封知府，全权负责开封一带的防卫。这样一来，开封能守住自然最好，如果守不住，那也是宗泽的责任，和宋高宗没有关系。

第一章　初露峥嵘

战太行山
选自《会纂宋岳鄂武穆王精忠录》朝鲜刊本　（明）姚茂良／著

岳飞刺死黑风大王
选自《新刊按鉴演义全像大宋中兴岳王传》明刊本 （明）余应鳌/编

宗泽知道此项任命对自己而言凶险异常，但是他依然承担了这份重任，很快他就成为北方抗金的中心人物。

宗泽委任王彦为"制置两河军事"。虽然存在分歧，但是王彦没有忘记孤军奋战、处境艰难的岳飞，他派人命岳飞所部"赴荣河把隘"，也就是到荣河县（今山西省运城市万荣县）负责防御任务。

岳飞觉得自己既然已经和王彦产生了嫌隙，还是不要继续共事的好，于是他决定率领部队南下开封，直接接受宗泽的领导。

不过，岳飞来到开封之后，那里的人也没给岳飞什么好脸色。岳飞抗命擅自出战的事情早已为开封众人所知。按照宋朝军令，违令出击的人必须斩首，有人劝说宗泽将岳飞斩首，明正典刑。

宗泽觉得，岳飞违令出击是因为抗金心切，并且他确实骁勇善战，是一个难得的将才，所以原谅了岳飞违反军纪的过失，将他留在营中听候差遣。

同年十二月，金军大举南侵，进犯孟州汜水关（今河南省荥阳市西

第一章 初露峥嵘

宗泽迎接圣旨
选自《新刊按鉴演义全像大宋中兴岳王传》明刊本 （明）余应鳌/编

宗泽走马赴任
选自《新刊按鉴演义全像大宋中兴岳王传》明刊本 （明）余应鳌/编

军人绑岳飞见宗泽
选自《新刊按鉴演义全像大宋中兴岳王传》明刊本 （明）余应鳌/编

宗泽解缚岳飞
选自《新刊按鉴演义全像大宋中兴岳王传》明刊本 （明）余应鳌/编

第一章 初露峥嵘

北36里）。宗泽派岳飞为踏白使，让他率领500名骑兵前往侦察。临行前宗泽对岳飞说："汝罪当死，吾释不问，今当为我立功！"他还告诫岳飞，不要与金军轻易交战。岳飞在汜水关一带击败金军，凯旋后被宗泽任命为统领，不久又提升为统制。

战汜水关
选自《会纂宋岳鄂武穆王精忠录》朝鲜刊本 （明）姚茂良／著

第二章 转战江南

第一节 苦战中原

金军在攻克开封、俘虏宋徽宗和宋钦宗之后,暂时返回河北,但不愿意就此完全放弃富庶的开封地区,所以从建炎元年(1127)冬开始就不断南下进攻开封。

金军将领完颜宗翰占据西京(今河南省洛阳市),威胁开封,宗泽主动出击,派部将李景良、阎中立、郭俊民率军进攻,双方展开大战,结果宋军战败,阎中立战死,郭俊民投降,李景良逃跑,宗泽将李景良斩首。

金军派郭俊民来开封劝降宗泽,宗泽斥责郭俊民道:"汝失利死,尚为忠义鬼,今反为金人持书相诱,何面目见我乎?"随后将其斩首。

取胜之后,金军趁机入侵滑州,宗泽派将领张捴率军五千前去救援。

张捴到达滑州后,与金军遭遇,金军数量是宋军的10倍,部将纷纷劝说张捴暂时撤军,张捴说道:"避而偷生,何面目见宗公!"随后张捴率军力战,战死沙场。得知张捴战死,宗泽派王宣领兵五千人救援,最终将金军击败。看到宋军作战如此勇猛,金军暂时不敢再进犯开封。

在这个过程中,岳飞始终奋战于沙场。他先是率军在胙城县(今河

宗泽斩史俊民
选自《新刊按鉴演义全像大宋中兴岳王传》明刊本 （明）余应鳌/编

兀术刺死张撝
选自《新刊按鉴演义全像大宋中兴岳王传》明刊本 （明）余应鳌/编

南省新乡市延津县）与金军激战，将金军击败，随后又在黑龙潭（今河南省卫辉市西）、龙女庙侧官桥两次击败金军，擒获了一名姓李的女真千户。

建炎二年（1128）四月，战场暂时归于平静，宗泽终于有时间总结这段时间以来的战场得失。

有一天，宗泽召见岳飞，送给他一些作战用的阵图，并说道："尔勇智材艺，虽古良将不能过。然好野战，非古法，今为偏裨尚可，他日为大将，此非万全计也。"岳飞接受了阵图，回去之后看了一遍，就扔在一边，再也没看过。

几天之后，宗泽又遇见岳飞，问他对那些阵图有什么想法，岳飞说道：

> 留守所赐阵图，飞熟观之，乃定局耳。古今异宜，夷险异地，岂可按一定之图？兵家之要，在于出奇，不可测识，始能

宗泽以阵图示岳飞
选自《新刊按鉴演义全像大宋中兴岳王传》明刊本 （明）余应鳌/编

> 取胜。若平原旷野，猝与虏遇，何暇整阵哉！况飞今日以裨将听命麾下，掌兵不多，使阵一定，虏人得窥虚实，铁骑四蹂，无遗类矣。

岳飞认为阵图是死的，而战场上的形势千变万化，兵家讲究出奇制胜，怎么能够按部就班，按照阵图来打仗呢？他觉得自己统兵不多，如果摆好阵型，那么敌人一看就知道虚实，到时候必败无疑。

听岳飞这么说，宗泽反问道："如尔所言，阵法不足用耶？"

岳飞回答："阵而后战，兵之常法，然势有不可拘者，且运用之妙，存于一心，留守第思之。"

听了岳飞的话，宗泽思虑片刻，之后说道："尔言是也。"

经过这番谈话，宗泽对岳飞更加欣赏。

随着天气逐渐炎热，来自东北的金军士兵非常不适应中原的气候，宗泽觉得到了北上渡过黄河收复河北的时候了。

于是，宗泽部署兵马，并上奏宋高宗，希望他能返回开封，主持北伐。宗泽前后上书20多次，在其中的一封上书中，宗泽写道：

> 圣人爱其亲以及人之亲，所以教人孝；敬其兄以及人之兄，所以教人弟。陛下当与忠臣义士合谋肆讨，迎复二圣。今上皇所御龙德宫俨然如旧，惟渊圣皇帝未有宫室。望改修宝策宫以为迎奉之所，使天下知孝于父、弟于兄，是以身教也。

当时北伐是众望所归，宋高宗赵构明面上不敢直接拒绝，但是畏敌如虎的他根本不愿意冒险北伐，所以虽一再向宗泽表示自己将会择日返回开封，但就是迟迟不回去。

宗泽知道渡河北伐的希望越来越渺茫，忧愤成疾，疽发于背。众将纷纷前来探视，宗泽忧伤地说道："吾以二帝蒙尘，积愤至此。汝等能歼敌，则我死无恨。"众将纷纷哭着说道："敢不尽力！"

众将离开之后，宗泽感叹地吟诵了一句诗："出师未捷身先死，长使英雄泪满襟。"

建炎二年（1128）七月十二日，风雨昼晦，处于弥留之际的宗泽没有一句话谈及家事，他连呼三声"过河"，含恨而终。

在岳飞一生中，对他影响最深的人无疑就是宗泽。在宗泽的身上，岳飞明白了什么叫作赤胆忠心、为国为民，什么叫作鞠躬尽瘁、死而后已。虽然岳飞远远算不上宗泽麾下的第一大将，但是在此后的岁月中，岳飞毫无疑问是宗泽遗志最忠实的继承人。宗泽的遗风，由岳飞继承、发扬……

宗泽去世后，赵构派杜充来到开封，担任开封留守。不管是能力，还是人品，杜充与宗泽都有天渊之别，当时有人评价杜充是"人有志而

高宗看表
选自《新刊按鉴演义全像大宋中兴岳王传》明刊本　（明）余应鳌 / 编

无才,好名而无实,骄蹇自用而得声誉"。这样的人来到开封,意味着抗金大业即将面临中道沦落的命运。

不过岳飞暂时没有受到杜充的影响。宗泽去世3天之后,按照宗泽生前的部署,岳飞率军进驻西京河南府(今河南省洛阳市),负责保卫北宋皇陵。

建炎二年(1128)八月,金太宗完颜晟再次下令进攻南宋,河南地区自然首当其冲被攻击。

岳飞奉命率军去汜水关御敌。宋金两军对峙的时候,岳飞发现金军军阵内有一员将领往来驰突,他弯弓搭箭,瞄准目标,一箭将其射死。看到主将阵亡,金军一片大乱,岳飞趁机挥军进攻,将金军击败。

随后,岳飞又领命进驻汜水关以东的竹芦渡,与金军对峙。当时岳飞军中粮草不多,无法和金军打持久战,他决定对金军发动奇袭,速战速决。岳飞挑选了精锐士兵300人,让他们全部埋伏在山脚下,每个人拿两大束柴草做成的火炬。到了半夜的时候,岳飞命令这些士兵全部

岳飞射死虏将
选自《新刊按鉴演义全像大宋中兴岳王传》明刊本 (明)余应鳌/编

点燃火炬,顷刻之间火龙飞舞。金军以为宋军援军到了,军心大乱。岳飞趁机进攻,将金军打得大败。此战之后,岳飞因功升任从七品的武功郎。

建炎三年(1129)正月,岳飞率军从西京河南府返回开封,这时杜充给岳飞下达了一个很奇怪的命令——命岳飞进攻宋军守城将领张用、王善。

杜充为什么要让岳飞袭击自己人呢?

这事说来话长。金军攻破开封之后,附近的宋朝正规军要么溃散,要么跟随宋高宗南逃。宗泽来到开封之后,发现手底下根本没有多少可用之兵。当时为了反抗金军的烧杀抢掠,各地民众自发组织了大量民间

战竹芦渡
选自《会纂宋岳鄂武穆王精忠录》朝鲜刊本 (明)姚茂良/著

第二章　转战江南

武装。为了增强开封的守卫力量，宗泽就将这些民间武装收为己用。这些民间武装没有受过正规训练，组织性和纪律性都很差，但是宗泽凭借自己高尚的人品和极强的个人能力，成功将这些原本一盘散沙的民间武装组织起来，成为一支强大的军队，巅峰时期这些民间武装总人数号称有百万之众，令金军胆寒。

宗泽去世后，人品和能力都远不如宗泽的杜充，根本没有能力继续统领这么多的民间武装，很快这些民间武装重新陷入一盘散沙的状态，时人言道："宗泽在则盗可使为兵，杜充用则兵皆为盗矣。"杜充把这些民间武装当作潜在的敌人加以排斥。在这些民间武装中，最具代表性的就是张用、王善两支人马，他们拥有部众数万人，所以杜充让岳飞率军将其消灭。

杜充此举其实是一石二鸟，因为当时岳飞麾下只有2000人，而张用、王善两支人马虽然都是乌合之众，但是有数万之众，岳飞明显处于下风。如果岳飞能消灭张用、王善，自然最好；如果岳飞失败，被张用、王善斩杀，那么杜充也乐见其成。对于岳飞这种和宗泽一样一心抗金的将领，杜充早就视其为眼中钉、肉中刺，他巴不得早点将开封丢掉，和宋高宗一样到江南躲避战火。

在收到杜充的命令之后，岳飞非常为难，因为这种手足相残，让亲者痛、仇者快的事情，绝非良策。岳飞推脱自己兵力太少，向杜充请求让自己前去招降张用、王善，杜充愤怒地说道："我何尝令汝受降，须为我擒之！"他还鼓励岳飞道："京师存亡，在此举也！"杜充威胁岳飞，如果他敢避战，就将他斩首示众。鉴于以往违抗王彦命令的教训，岳飞无法抗命，只能出战。

岳飞率军在南薰门外和张用、王善对垒，战斗非常激烈，史载"（岳飞）左挟弓矢，右运铁矛，领数骑横冲其军，贼军果乱，后骑皆死战,自午及申,贼众大败"。岳飞因功任正七品的武经大夫。

岳飞首战获胜之后,杜充又派马皋等率军追击逃跑的张用、王善。结果张用、王善率军杀了个回马枪,反戈一击,把马皋等人打得大败,史载"官军大败,尸填蔡河,人马皆践尸而渡,(张用、王善)至铁炉步而还,官军存者无几"。

杜充不得已,只能再次派岳飞出击,经过多日苦战,张用被岳飞收降,王善率部投降金军。再往后,岳飞因战功升任武略大夫,授英州(今广东省英德市)刺史。

建炎三年(1129)六月,结束了长期征战的岳飞率军回到开封,此时他突然得知了一个消息——杜充要率军南逃。原来金军见开封一带始

战南薰门
选自《会纂宋岳鄂武穆王精忠录》朝鲜刊本 (明)姚茂良/著

第二章 转战江南

终难以攻克,决定绕过开封,经由山东直接南下江淮地区,追击宋高宗。正月,金军开始南下,先后攻下徐州、淮阳、泗州,兵锋直指宋高宗所在的扬州。宋高宗急忙离开扬州,仓皇逃往长江以南的建康(今江苏省南京市)。得知宋高宗抵达建康,杜充借"勤王"之名,也计划离开开封,前往建康。

接到杜充南撤的命令后,岳飞劝谏道:

> 中原之地尺寸不可弃,况社稷、宗庙在京师,陵寝在河南,尤非他地比。留守以重兵硕望,且不守此,他人奈何?今留守一举足,此地皆非我有矣。他日欲复取之,非捐数十万之众,不可得也。留守盍重图之。

可是杜充根本不听,岳飞无奈,只得率军跟随杜充南下,开封于建炎四年(1130)二月陷落。

高宗单骑出扬州
选自《新刊按鉴演义全像大宋中兴岳王传》明刊本 (明)余应鳌/编

第二节 自成一军

杜充率军仓皇撤离开封,导致河南地区大片国土沦丧,可谓罪不容诛。然而,宋高宗不但不惩罚杜充,反而不断提拔重用他,最终任其为尚书右仆射、同平章事、御营使,位极人臣。宗泽坚守开封,与金军殊死血战,未得朝廷丝毫封赏,杜充丧城失地,致国土沦丧,却位居宰相之职。这事听起来是如此的荒唐,但确确实实发生了。

宋高宗在逃到建康之后,觉得这里就在长江南岸,金军一旦渡江南下,那就危险了,于是他决定继续南逃,又返回临安。

为了与金军议和,请求金军不要南下,宋高宗派使臣杜时亮向金军呈送《致元帅书》,在信中,宋高宗写道:

> 古之有国家而迫于危亡者,不过守与奔而已……是以守则无人,以奔则无地……此所以朝夕愳愳然,惟冀阁下之见哀而赦己……前者连奉书,愿削去旧号,是天地之间,皆大金之国,而尊无二上,亦何必劳师远涉,而后为快哉!

作为一国之君,宋高宗如此奴颜婢膝地向金人议和称臣,可谓是毫无尊严、毫无气节、毫无廉耻,祖宗的颜面都被他丢尽了。

第二章　转战江南

结果，宋高宗此举是热脸贴冷屁股，占尽优势的金军根本不愿和宋高宗议和。

建炎三年（1129）秋，金军兵分多路向南进犯，完颜昌领军进攻淮南，完颜宗弼领军进攻江南，直捣赵构所在的临安。

完颜宗弼这位金军统帅，是岳飞的一生之敌。

完颜宗弼，出生年不详，女真名叫"兀术"，所以人们又称他为"完颜兀术"或者"金兀术"。

完颜宗弼是金太祖完颜阿骨打的第四子，早在金灭辽的战争中，他就是金军中有名的骁将，作战勇猛，屡立战功。宋金战争爆发后，完颜宗弼成为金军主将之一，屡次率军出征。

十一月初，完颜宗弼率军占领长江北岸的和州（今安徽省马鞍山市和县），随后金军沿长江北岸东进，进攻乌江，离建康不到百里。当时建康的防务由杜充负责，他统领的军队多达6万人，众将纷纷请求杜充派兵渡江到江北击退金军，但是杜充按兵不动，他根本不愿意派兵冒险渡江。作为跟随杜充时间比较久的得力干将，岳飞向杜充劝谏道：

> 勍虏大敌，近在淮南，睥睨长江，包藏不浅。卧薪之势，莫甚于此时，而相公乃终日宴居，不省兵事。万一敌人窥吾之怠，而举兵乘之，相公既不躬其事，能保诸将之用命乎？诸将既不用命，金陵失守，相公能复高枕于此乎？虽飞以孤军效命，亦无补于国家矣！

听了岳飞的劝谏，杜充还是不为所动，他敷衍道："来日当至江浒（即江边）。"在以后的日子里，杜充深居简出，不派一兵一卒。

看到宋军按兵不动,完颜宗弼率军从容在马家渡(今江苏省南京市西南)渡江。听到金军渡江的消息后,杜充慌了神,他急忙派陈淬、岳飞、戚方等人率军2万前往马家渡阻击金军,又派王燮率军13000人前往策应。

陈淬,兴化军莆田(今福建省莆田市)人。和岳飞一样,陈淬之前在宗泽麾下效力,保卫开封,后来跟随杜充南下,有着一颗拳拳报国之心。在马家渡与金军遭遇之后,陈淬率军拼死作战,两军交战10余回合,不分胜负。关键时刻,王燮不战而逃,金军趁机击溃宋军。眼见败局已定,陈淬依然不愿后退。金军冲到了他的面前,将刀对准了陈淬的胸口,陈淬毫无惧色,坐在胡床上对金军破口大骂,最终被金军杀害。

战斗开始后,岳飞率右军和金军万夫长王伯龙部对阵。在其他宋军先后溃退之后,岳飞依然在率军奋战,激战至黄昏,始终等不来援军,所有的辎重物资都被溃退的宋军带走了,岳飞所部连饭都没得吃,他不得不率军退守钟山(今江苏省南京市中山门外)。第二天清晨,岳飞继

哨报金兵渡江
选自《新刊按鉴演义全像大宋中兴岳王传》明刊本 (明)余应鳌/编

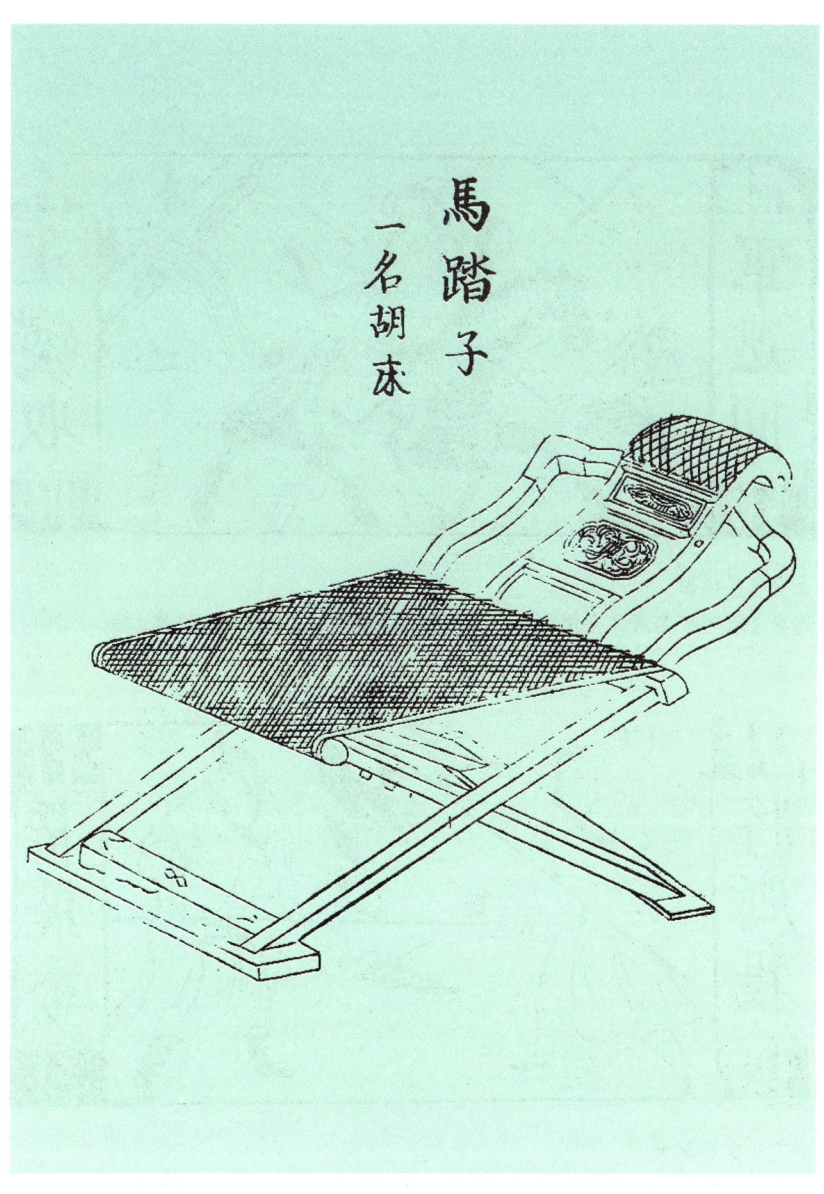

胡床
选自《清俗纪闻》［日］中川忠英/辑　［日］石崎融思/画

王燮收军逃回
选自《新刊按鉴演义全像大宋中兴岳王传》明刊本 （明）余应鳌/编

岳飞与金将厮杀
选自《新刊按鉴演义全像大宋中兴岳王传》明刊本 （明）余应鳌/编

续率军出击，再次将金军击退。

听闻前方战败，守卫建康的杜充仓皇逃走，他刚刚命人打开城门，建康城中的百姓便一拥而上，也想要逃走。

为了安定民心，不让百姓挡住自己逃生的去路，杜充派人对百姓说道："相公欲迎敌金人耳。"结果百姓也回答道："我亦往迎敌。"最终杜充没能逃出去。当时建康城内百姓纷纷说道："杜相公枉杀几许人，及其警急，乃欲先遁！"

听建康百姓如此痛恨自己，杜充担心自己麾下的士兵也会反叛，于是下令给每名士兵10两银子和10匹绢，这才算让军心暂时安定下来。后来杜充率军离开建康，带3000名亲兵逃到江北的真州（今江苏省仪征市），住在真州长芦寺。完颜宗弼写信劝杜充投降，他在信中写道："若降，当封以中原，如张邦昌故事。"于是杜充向金军投降。

得知杜充投降金人后，宋高宗"不食者累日"，他说道："朕待充自庶拜相，可谓厚矣，何故至是？"

马家渡之战失败后，岳飞率军前往广德军（今安徽省广德市）。主帅杜充投降之后，宋军军心涣散，戚方等将领率领残部逃走成为土匪，岳飞的部下也不时有人叛逃。

人心惶惶之际，为了不让士兵离散，以继续抗金大业，岳飞对众将士说道：

> 我辈荷国厚恩，当以忠义报国，立功名，书竹帛，死且不朽。若降而为虏，溃而为盗，偷生苟活，身死名灭，岂计之得耶！建康，江左形胜之地，使胡虏盗据，何以立国？今日之事，有死无二，辄出此门者斩！

岳飞慷慨陈词，士兵们被感动得热泪盈眶，纷纷表示愿随岳飞继续作战。虽然大部分士兵都愿意跟随岳飞继续抗金，但是依然有少数人动了歪心思。

当时宋军中战斗力最强的是常年在西北边境和西夏作战的西北边军，金军南侵后，大量西北边军士兵被调到中原守卫开封，随着中原沦陷，他们自然跟着败逃江南。

这些西北边军觉得岳飞英武不凡，是一个优秀的统帅，于是他们派了几个代表去找岳飞，表示他们愿意拥戴岳飞为主帅，希望岳飞率领他们投降金军。

对于这些西北边军的要求，岳飞并不觉得奇怪。一方面投降金军之后，他们可以获得金军的封赏，主将也可以享受荣华富贵；另一方面，这些西北边军基本都是北方人，他们不愿意抛弃故乡前往江南，可是他们的家乡都已经被金军占领，想要回家，唯一的方式就是向金军投降。

对他们的要求，岳飞理解，但是无法赞同。不过岳飞并没有明确表示拒绝，他假意答应，随后要求这几个代表带着士兵的名册，把所有想投降的士兵都叫来。

这些士兵到了之后，岳飞手按着名册说道："以尔等之众且强，为朝廷立奇功，取中原，身受上赏，乃还故乡，岂非荣耶！必能湔涤旧念，乃可相附，其或不听，宁先杀我，我决不能从汝曹叛！"

这些士兵听后幡然悔悟，羞愧难当，纷纷说道："惟统制命！"

虽然岳飞搞定了他们中的大多数人，但是依然有少数顽固分子想投降，岳飞明白对他们靠口舌劝说是没有用的。于是，岳飞带着几个亲信，趁着他们不注意，直接对他们开打。岳飞一连击败几十人，他用弓箭抵着他们大骂道："朝廷不负尔曹，尔以数万众，不能斩一岳飞，即能死我，乃为贼！"岳飞又对众军士严肃训诫了一番，众人心悦诚服，军心这才安定下来。

完颜宗弼率军占领建康后，亲率主力追赶宋高宗。宋高宗仓皇逃离临安。他先是逃往越州（今浙江省绍兴市），后来由越州逃向明州（今浙江省宁波市），随后又从明州乘船，逃到海上避难。

完颜宗弼率军接连攻下溧水、广德、安吉、湖州，直取临安，岳飞则领军在其后方，伺机对其予以痛击。

当完颜宗弼率军到达广德军境内后，岳飞率军大胆出击，先后和金军交战6次，6战皆捷，斩首1216级，擒获金军将领24人。虽然每场战役的规模都不大，战果也不算丰厚，但是在后方给金军制造了不少麻烦，让他们不敢肆意南下。

为了进一步袭扰金军，岳飞还趁夜率军偷袭金军大营，烧毁了金军大量的辎重物资，金军大乱，岳飞趁机进攻，杀伤大量金军。

随着金军的南下，宋朝江南地区很多官府机构被摧毁，大量地区盗贼横行，土匪遍地，一些宋军溃兵也趁机作乱，百姓经常遭到掳掠甚至杀戮，生活困苦不堪，社会秩序一片混乱。

为了不骚扰百姓，岳飞想尽办法筹措粮草，尽量做到因粮于敌，并且和士兵同吃同住、同甘共苦。在岳飞的统率下，他的部队军纪严明、秋毫无犯，四方之人对此争相传颂。

当时金军中并不全是女真士兵，还有很多被胁迫的汉人士兵。金军占领北方广大地区后，兵力越来越捉襟见肘，所以他们强迫大量北方汉人入伍当兵，这些士兵被称为"签军"。他们中的很多人根本不想为金朝卖命，经常找机会逃跑。很多签军仰慕岳飞的威名，前来投奔岳飞，岳飞并不歧视、虐待他们，这些签军都说："此岳爷爷军。"

随着归附岳飞的士兵越来越多，岳飞的队伍越来越壮大，他开始自领一军，成为可以独当一面的大将，而他的部队也有了一个响亮的名号——岳家军!

建炎四年(1130)春,正在广德军作战的岳飞突然接到宜兴(今江苏省宜兴市)县令送来的急信,宜兴县令希望岳飞能够率军来宜兴。

原来,在宜兴有一股土匪,其首领名叫郭吉,他原本是宋军将领,溃败之后率领残部成为土匪,为害一方。

为了能够让岳飞心甘情愿来宜兴,县令还在信中写道:"邑之粮糗,可给万军十岁。"也就是说,宜兴城内粮草充足,岳家军来到之后绝对不用担心没有饭吃。宜兴县令这么说,其实是看低岳飞了。在岳飞看来,为民除害是第一位的,粮草虽然重要,可绝不是最重要的事情。即使宜兴粮草紧张,只要能够造福一方,岳飞就会义不容辞地前去。

郭吉早就听说过岳飞的威名,听闻岳家军进入宜兴,他自觉不是岳飞的对手,命令下属转运100多船的财物,立刻逃走。岳飞派部将王贵、傅庆率领2000人追击,大败郭吉,将这100多船财物全部缴获,随后凯旋。

宜兴县令礼接岳飞
选自《新刊按鉴演义全像大宋中兴岳王传》明刊本 (明)余应鳌/编

当时在宜兴境内，还有两股土匪，一股首领是马皋、林聚，另一股首领是张威武。马皋、林聚实力强大，有精锐部众数千人，岳飞自忖如果和他们硬拼，必然伤亡巨大，得不偿失。于是岳飞派遣辩士向马皋、林聚晓以利害，成功劝说两人率众投降。岳飞同样派人劝说张威武投降，可是好说歹说，张威武就是不投降。岳飞怒不可遏，单骑闯入张威武的大营，趁着张威武错愕之际，一刀将其斩杀，收编了张威武的全部部众。

岳飞成功帮助宜兴百姓扫清了祸患，保一方平安，宜兴百姓感恩戴德，他们争相传颂道："父母之生我也易，公之保我也难。"他们将岳飞的画像挂在家里，早晚叩拜，如同叩拜神灵。

宜兴百姓还集资在周处将军庙内辟出厢房，建立了岳飞生祠。在古代，为官员建生祠是极高的礼遇。能遇到一个好的官员，在很大程度上全凭运气，纪念父母官，最自然的方式就是树碑立祠。宜兴当地的岳飞祠堂至今犹存。

第三节　收复建康

宋高宗逃到海上之后,建炎四年(1130)正月,完颜宗弼决定率军下海追击。金军在追击途中遭遇大风大雨,加上船只既少又小,被宋朝水军击退,被迫退回明州,赵构趁机一路逃到台州和温州。

金军虽然长于弓马,但是面对茫茫大海,只能望洋兴叹。完颜宗弼率军在明州停留了17日,发现已经不可能捉住宋高宗了,再加上金军深入宋境千余里,孤军深入,处境越来越危险,终于决定撤军。

兀术弃舟走回
选自《新刊按鉴演义全像大宋中兴岳王传》明刊本　(明)余应鳌/编

两战常州
选自《会纂宋岳鄂武穆王精忠录》朝鲜刊本 （明）姚茂良 / 著

建炎四年（1130）二月，完颜宗弼率军烧掠明州、临安等城，随后携带所掠夺的金银财宝，从大运河水陆并进，经秀州（今浙江省嘉兴市）、平江（今江苏省苏州市）等地向北撤退。

岳飞等宋军将领怎么可能让金军想来就来、想走就走呢？他们在沿途不断阻击金军，让金军的北返之路险象环生。

三月，通过陆路北返的金军在离开平江之后，兵锋直指常州，守卫常州的右文殿修撰周杞闻风而逃，率军逃往宜兴，金军兵不血刃占领了常州。

岳飞急忙率军来到宜兴，在这里他遇见了自己的老熟人——赵九龄。两人经过一番谋划，决定在常州一带调集精锐部队，阻击金军。

部队集结完毕之后,岳飞率军对金军发起进攻,两军大战 4 次,最终击败金军,金军仓皇逃窜。当时宋军士兵是用敌人的首级数量来计算战功的,所以经常战斗还未结束,士兵就忙着收割敌军的首级报功,以致耽误了追击敌人。开战之初,岳飞就明确下达军令,在战斗没有完全结束之前,所有士兵禁止收割敌军的首级。因此当金军逃窜的时候,在岳飞的严令之下,宋军士兵继续迅猛地追击敌人,最终将金军赶到了河里,金军"拥溺河死者不可数计"。此战,岳飞所部生擒女真万户少主孛堇等将领 11 人。

常州截击战之后,朝廷命令岳飞所部继续北上,伺机收复建康。这是岳飞第一次直接收到朝廷诏令,意味着岳飞作为独当一面大将的地位,已经正式得到了朝廷的承认。

在金军北返的过程中,最激烈的战斗发生在黄天荡。

当时完颜宗弼亲率金军水军北返,宋军将领韩世忠以前军驻扎在青龙镇(今上海市青浦区),中军驻于江湾(今上海市虹口区北部江湾

岳飞生擒金军士兵
选自《新刊按鉴演义全像大宋中兴岳王传》明刊本 (明)余应鳌/编

第二章 转战江南

韩世忠屯于青龙镇
选自《新刊按鉴演义全像大宋中兴岳王传》明刊本 （明）余应鳌/编

镇），后军驻海口，准备在金军渡过长江的时候，在镇江加以截击。

刚被韩世忠堵截在镇江的时候，完颜宗弼并不惊慌，因为韩世忠麾下只有8000人，而自己统率10万大军，实力悬殊，完颜宗弼觉得自己肯定能赢。两军开战之后，大战数十回合，不分胜负，韩世忠的妻子梁氏亲自擂响战鼓，激励宋军士兵奋勇杀敌，最终宋军击退了金军，牢牢守卫着镇江防线。

完颜宗弼见状，率船队沿长江南岸西上，另寻渡江北返之路，金军不熟悉长江水道，在宋军追击下，仓促驶入建康东北黄天荡（今江苏省南京市东北长江段）。

黄天荡是江中的一座废港，早已弃置不用，更重要的是黄天荡是一条断头路，只有进去的路，没有出去的路，金军逃到这里无异于自寻死路。韩世忠趁机率兵封锁住出口，牢牢将金军堵死在黄天荡。

完颜宗弼突围无望，出重金求破宋军海船之策。福建人王某告诉完

韩世忠破金兵
选自《新刊按鉴演义全像大宋中兴岳王传》明刊本 （明）余应鳌/编

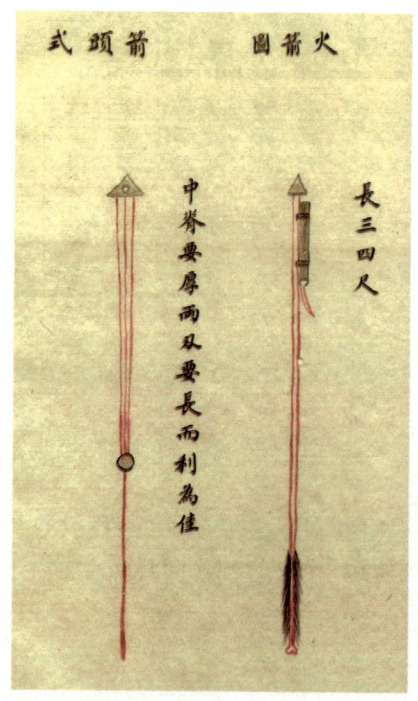

火箭
选自《治平胜算全书》清绘本
（清）年羹尧/辑

第二章 转战江南

梁夫人
选自《历代画像传》（清）丁善长 / 著

颜宗弼，一定要找一个无风的天气出击，趁宋军战船难以动弹，用火箭对其发动火攻，这样宋军不攻自破。完颜宗弼依照这一策略，击败韩世忠，逃出生天。

经过黄天荡的惊险一战之后，完颜宗弼终于逃到江北，当时金军在江南唯一的立足点只剩下建康。只有攻克建康，才能真正确保江南地区安全无虞。

为了尽快收复建康，四月下旬，岳飞率军到达建康城下，与金军大战于清水亭，此战金军大败，"僵尸十五余里，斩耳带金、银环者一百七十五级，擒女真、渤海、汉儿军四十五人，获其马甲一百九十三副，弓、箭、刀、旗、金、鼓三千五百一十七事"。

五月，已经逃到江北的完颜宗弼不愿意放弃建康，他率领部分军队返回江南，进驻建康。

岳飞率军驻扎在清水亭以西12里的牛头山。到了晚上，岳飞派出100名士兵，全部穿着黑色的衣服混入金军大营。这些宋军士兵在金军大营内制造混乱，让金军无法辨别敌我，自相攻击。完颜宗弼好不容易让军队安定下来，为了防止宋军继续向大营内渗透，他急忙在大营周围派兵巡逻，结果岳飞早就在金军大营外面设置了伏兵，将这些金军巡逻队全部消灭。

岳飞明白自己的兵力不多，没有能力强攻建康，所以在随后半个多月的时间里，不断在建康周边袭扰金军，搅得完颜宗弼寝不安枕，疲惫不堪。

连续的失利让完颜宗弼明白，此时的建康已经完全成为一块鸡肋，虽然放弃建康确实是有些可惜，但是如果长期坚守，代价必然非常高昂。最终完颜宗弼不得不做出决定，放弃建康。

在撤离建康之前，完颜宗弼下令在城中大肆杀掠和破坏，随后一把大火将建康烧为白地。对于当时建康城中的惨状,时人记载道:"(金军)散取老弱之遗者,悉杀之。纵火大掠,越三日,府署、民庐皆尽,乃拥众去。凡驱而与俱者十之五,逃而免者十之一,死于锋镝敲榜者盖十之四。城中头颅、手、足相枕藉,血流通道,伤残宛转于煨烬之间,犹有数日而后绝者。"

得知金军要撤离建康后,岳飞立即率军阻截。他率领骑兵300人、步兵2000人,由牛头山出发,在南门新城与金军展开大战。金军大败,岳飞率军一直追击到靖安镇,将所有没有来得及登船逃遁的金军全部歼灭。此战,岳飞所部"斩秃发垂环者三千余级,僵尸十余里,降其卒千余人,万户、千户二十余人",除此之外,还缴获战马300匹,武器数万件,缴获的其他辎重物资堆积如山。

虽然取得了胜利,但是当岳飞来到建康城内,看到宛如人间地狱般的惨状,他被气得五内俱焚。这是金军欠下的又一桩血债,一定要让他们血债血偿!

金兵焚建康城
选自《新刊按鉴演义全像大宋中兴岳王传》明刊本 (明)余应鳌/编

随着建康的收复，江南的战事基本宣告结束，在此之前，宋高宗已经任命张俊为御前右军都统制、浙西江东制置使，接替杜充负责江南地区的军务，岳飞自然也就被划归张俊指挥。

见到岳飞之后，张俊命令岳飞率军前往饶州（今江西省上饶市鄱阳县），扼守江南东路、江南西路两路。宋朝时的江南东路、江南西路，主要包括现在的江西和安徽南部地区，也就是说张俊要求岳飞去防御建康的上游地区。

对张俊的部署，岳飞说道：

> 山泽之郡，车不得方轨，骑不得并行，虏得无断后之虑乎？但能守淮，何虑江东、西哉！使淮境一失，天险既与虏共之矣，首尾数千里，必寸寸而守之，然后为安耶？

岳飞收复建康
选自《新刊按鉴演义全像大宋中兴岳王传》明刊本 （明）余应鳌/编

在岳飞看来，江西地区道路崎岖，地形复杂，大军通行非常困难，所以那里根本没必要重点设防，应该重点设防的是两淮地区。自古以来就有"守江必守淮"的说法，因为长江东西万里，根本无法处处设防，一旦某一点被攻破，整个长江防线顷刻间就会土崩瓦解，所以必须有战略缓冲区，而最适合的就是两淮地区。两淮地区平坦，河网稠密，非常不利于金军骑兵发挥作用，足以形成一个强大且有纵深的完整防御体系，所以岳飞才会如此重视淮河地区的作用。

听了岳飞的分析，张俊深表赞同。

建炎四年（1130）五月下旬，岳飞奉命亲自押解金军俘虏去越州觐见宋高宗，这是岳飞生平第一次见到皇帝。

在处置这些金军俘虏的时候，宋高宗终于展现了他难得的果决，他在对这些俘虏进行审问之后，下令将8名女真战俘处以磔刑。

随后，宋高宗对大臣们说道："金人颇能言二圣动静，云今在韩州（今辽宁省铁岭市昌图县），及皇后、宫人皆无恙。"

其实这全是假话。宋徽宗和宋钦宗在被押往东北之后，金太宗给了他们非常耻辱的封号，他封宋徽宗为昏德公，封宋钦宗为重昏侯。更惨的是那些被俘的后妃、公主、宫女等女性，她们受尽了屈辱，很多人不堪受辱而自杀。

作为皇帝，这些事情宋高宗不可能不知道，那么他为什么要说假话呢？其实还是为了能够更好地和金朝议和。如果让满朝文武都知道宋徽宗、宋钦宗等人的真实遭遇，南宋上下必然群情激愤，到时候议和还有可能吗？

议和是刻在宋高宗骨子里的图谋，他从来就没有想过和金人打到底，这一点岳飞直到自己生命的最后时刻才明白。

在见到宋高宗之后，岳飞把之前对张俊讲的话写成奏章，又和宋高宗说了一遍，他写道：

> 建康为国家形势要害之地，宜选兵固守。比张俊欲使臣守鄱阳，备虏人之扰江东、西者。臣以为贼若渡江，必先二浙，江东、西地僻，亦恐重兵断其归路，非所向也。臣乞益兵守淮，拱护腹心。

看了岳飞的奏章，宋高宗深以为然。虽然他不想向金军主动进攻，收复河南、河北，但他还是非常在乎江南防御是否稳固的。宋高宗明白，只有自己立于不败之地，才有和金人和谈的资本。所以，宋高宗下诏，改变张俊原议，并赐予岳飞铁铠50副、金带、鞍、马、镀金枪、百花袍，此后他多次下诏褒奖岳飞。

第一次见到皇帝，岳飞不但要求获准，还得到了很多赏赐，他感到

岳飞上表报
选自《新刊按鉴演义全像大宋中兴岳王传》明刊本 （明）余应鳌/编

皇帝从善如流、赏罚分明，光复河山大有希望。

只可惜岳飞理解错了，宋高宗现在之所以这么好，是因为岳飞现在对他还有用。

第四节　转战江淮

建炎四年(1130)六月,暂时结束繁忙军务的岳飞终于有时间休息一下。在这期间,岳飞住在原黄州通判张大年家里。临别之际,岳飞在张大年家的墙壁上写下了一篇文章,名为《五岳祠盟记》:

> 自中原板荡,夷狄交侵,余发愤河朔,起自相台,总发从军,历二百余战。虽未能远入夷荒,洗荡巢穴,亦且快国仇之万一。今又提一旅孤军,振起宜兴,建康之城,一鼓败虏,恨未能使匹马不回耳!故且养兵休卒,蓄锐待敌,嗣当激厉士卒,功期再战,北逾沙漠,蹀血虏廷,尽屠夷种。迎二圣,归京阙,取故地,上版图,朝廷无虞,主上奠枕,余之愿也。

在这篇文章中,岳飞先是回忆了自己从军之后作战的情况,虽然屡战屡胜,但是自感只是"快国仇之万一"。随后岳飞又简述了此前建康之战的经过,最后表达了自己"蓄锐待敌"、"功期再战"、洗雪国耻、收复中原的决心。这篇文章虽然知名度并不高,其内容却是对岳飞爱国之心和雄心壮志的高度概括。

很快,岳飞就收到命令,要求他率军消灭在安吉一带活动的土匪戚方。

戚方是岳飞的老熟人了。当初建康保卫战之时,岳飞和戚方都是杜充的手下,曾经并肩作战。建康失守后,和其他的乱军首领一样,戚方率领残部落草为寇,为害一方。除此之外,戚方还杀害了宋军将领扈成及其全家老小,引得人神共愤。

收到命令后,岳飞立刻率军3000人来到广德军通往安吉县的必经之地苦岭(今安徽省广德市南70里,与浙江省湖州市安吉县接界)扎营。在此之前,戚方为防止官军进攻,已经将附近的一座桥梁拆毁。岳飞率部到达断桥旁边之后,一箭射到了对面的桥柱上。戚方收到这支箭,看到上面的刻字,知道是岳飞率军来了,他明白自己根本不是岳飞的对手,于是赶忙逃走。岳飞派部将傅庆等人率军追击,但没有追上。

戚方逃走之后,集结了大量部众,准备和岳飞决战。岳飞率军千余人迎战,两军大战10余回合,戚方最终被击败,再次逃跑。岳飞亲自率军在后面穷追不舍。

戚方把守官桥
选自《新刊按鉴演义全像大宋中兴岳王传》明刊本 (明)余应鳌/编

戚方明白一旦被岳飞追上必死无疑,于是他率部逃往张俊处,向张俊投降。为了让张俊救自己一命,戚方献出600匹战马,"金玉珍珠不可计"。看到戚方出手如此大方,张俊接受了戚方的投降,并答应在岳飞面前保其不死。

张俊设下酒宴,宴请岳飞。岳飞到了之后,张俊把戚方叫出来,戚方见到岳飞立刻跪下,哭着请求岳飞饶命。

岳飞对张俊说道:"招讨有命,飞固当禀从。然飞与方同在建康,方遽叛去,固尝遣人以逆顺喻之,不听。屠掠生灵,骚动郡县,又诱杀扈成而屠其家,且拒命不降,比诸凶为甚,此安可贳!"

收了贿赂的张俊自然要为戚方说话,他在旁边再三劝解,希望岳飞能够让戚方戴罪立功,饶其不死。

张俊毕竟是岳飞的上司,看在上司的面子上,岳飞对戚方说道:"招讨既赦汝一死,宜思有以报国家。"戚方再三拜谢,表示自己一定会戴罪立功。

戚方求救张俊
选自《新刊按鉴演义全像大宋中兴岳王传》明刊本 (明)余应鳌/编

第二章　转战江南

在此前的战斗中,岳飞身先士卒,率军冲锋,戚方向岳飞射出一箭,射中了岳飞的马鞍。战斗结束后,岳飞把这支箭收起来,说道:"他日擒此贼,必令折之以就戮。"

在宴席上,岳飞拿出了那支箭,要求戚方将其折断,戚方不敢拒绝,领命行事。在折箭的时候,戚方"流汗股栗,不敢仰视",岳飞和张俊见状哈哈大笑。

作为岳飞的上司,经过这段时间的共事,张俊对岳飞的能力和人品非常欣赏,于是他向宰相范宗尹"盛称岳飞可用",范宗尹随后将张俊的推荐转达给了宋高宗。

此时还躲在越州的宋高宗,深感防御形势依然艰险,确实需要忠臣良将为国效命,于是他下诏,迁岳飞为武功大夫、昌州防御使,任通州(今江苏省南通市)、泰州(今江苏省泰州市)镇抚使兼泰州知州。

在对岳飞的这项任命中,武功大夫、昌州防御使都是虚衔,岳飞真正的职务是通州、泰州镇抚使兼泰州知州。

所谓"镇抚使",是建炎四年(1130)四月宋高宗根据范宗尹的建议设立的地方军事单位。在与金朝交界、战争频繁的地区,宋朝将其划分为大概20个军事区域,每个军事区域设镇抚使管理区域内的所有军务。每个镇抚使管辖的区域少则两个州,多则四五个州,镇抚使一般还兼任部分州的知州,以实现军政合一,增强军区的整体防御力。可以说,镇抚使相当于一个"迷你版"的节度使。

平心而论,岳飞担任的这一职务还是很重要的。通州、泰州位于长江以北,过了长江就是今苏州、无锡、常州地区,那里是富庶的鱼米之乡,是宋朝财赋重地,断不容失,所以通州、泰州的战略地位非常重要。

但是岳飞对于这项任职并不满意,因为镇抚使是一个纯粹的防御性职务，一旦担任了镇抚使，就只能在辖区里负责军事防御，不能轻易率军出击。这样一来，岳飞北上中原、收复故土的愿望就再也无法实现了。

于是，岳飞上奏宋高宗，请求免去他通、泰州镇抚使的职务，在奏章中，他写道：

> 照得飞近准指挥，差飞充通、泰州镇抚使，仰认朝廷使令之意，除已一面起发，前赴新任外，契勘金贼侵寇虐刘，其志未艾。要当速行剿杀，殄灭净尽，收复诸路，不然则岁月滋久，为患益深。若蒙朝廷允飞今来所乞，乞将飞母、妻并二子为质，免充通、泰州镇抚使，止除一淮南东路重难任使，令飞招集兵马，掩杀金贼，收复本路州郡，伺便迤逦收复山东、河北、河东、京畿等路故地，庶使飞平生之志得以少快，且以尽臣子报君之节。谨具申尚书省，伏乞钧慈详察，特赐敷奏，指挥施行。谨状。

岳飞表示自己不愿意当镇抚使，希望朝廷能够允许他在淮南东路招兵买马，然后"掩杀金贼"，最终收复山东、河北、河东、京畿等路故地，彻底恢复河山。其实朝廷要求岳飞去任职的通州、泰州本身就是淮南东路的一部分，岳飞并不是不愿意去通州、泰州任职，而是他不喜欢防守，他希望能够进攻，进攻，再进攻，直到彻底击败金军。

岳飞的请求被宋高宗拒绝了，他只得郁闷地去上任。

建炎四年（1130）八月，金军将领完颜昌率军南下，先后攻陷扬州和承州（今江苏省高邮市），兵锋直指位于大运河与淮河交汇处的重镇楚州（今江苏省淮安市），宋军守将赵立连连向朝廷告急。

第二章 转战江南

金军来势汹汹，宋高宗命令张俊率军救援楚州，结果被张俊拒绝，张俊说道："敌方济师，达兰（指完颜昌）善兵，其锋不可当。立孤垒，危在旦夕。若以兵委之，譬徒手搏虎，并亡无益。"

宋高宗又命令刘光世率军救援楚州，结果刘光世畏敌如虎，也不愿意去。万般无奈之下，宋高宗只得命令岳飞前往，岳飞得令后义不容辞，立刻准备出发。

九月九日，岳飞正式率军出征。当时金军云集在楚州城下，岳飞明白以自己这点兵力直接去救援楚州，无异于以卵击石，于是决定采取"围魏救赵"的策略，进攻金军兵力较少的承州。

岳飞率军先抵达承州城外的三墩（今江苏省高邮市东40里三垛镇），大张旗鼓，声援楚州，随后对承州发起进攻。岳飞率军三战三捷，活捉金军将领70余人。

虽然岳飞奋力作战，但是张俊、刘光世等人按兵不动，岳飞独木难支，始终无法真正对金军构成威胁。

此时完颜昌也明白了，宋军根本无力支援楚州，于是更加放心大胆地围攻楚州。赵立率军拼死抵抗，为了鼓舞士气，他亲自登上城头督战，结果被金军炮石击中头部，壮烈牺牲，临死前他说道："我终不能为国殄贼矣！"赵立牺牲后，楚州军民在参谋官程括率领下继续抵抗。九月二十五日，楚州城陷落。

救援楚州的失败让岳飞痛心不已，此时岳家军内部也开始出现问题。

岳飞麾下有一员大将名叫傅庆，此人作战勇猛，屡立战功，岳飞对他非常器重，任命其为前军统制。

傅庆非常骄横，根本不把岳飞当上级，而是当作平辈。他曾经嚣张地说道："岳丈所主张此一军者，皆我出战有功之力。"傅庆没钱的时候

战承州
选自《会纂宋岳鄂武穆王精忠录》朝鲜刊本 （明）姚茂良/著

就去向岳飞要，岳飞也不生气，总是有求必应。

在担任通州、泰州镇抚使后，岳飞决定从严治军、严明军纪，但是傅庆依旧我行我素，两人之间的矛盾与日俱增。

在救援楚州的过程中，傅庆遇到了刘光世的将领王德。傅庆对王德说，自己希望能够到刘光世麾下效力。此事后来被岳飞知道了，傅庆吃里爬外的行为彻底惹怒了岳飞，他决定除掉这一祸害。

过了几天，岳飞召集众将比赛射箭，傅庆连发3箭，全部命中靶心，岳飞下令赏他3杯酒。

随后岳飞拿出战袍金带，表示要赏赐给承州之战有功的王贵。

傅庆不满意了，他说道："赏有功者。"

岳飞问:"有功者为谁?"

傅庆回答道:"傅庆在清水亭有功,当赏傅庆。"

听了傅庆的话,岳飞大怒,当场烧掉战袍、毁掉金带,骂道:"不斩傅庆,何以示众!"随后下令将傅庆斩首。

第三章 内征外战

第一节　平定李成

建炎四年（1130）十一月，完颜昌率领金军在攻陷楚州之后稍作休整，随后兵锋直指泰州、通州。这里正是岳飞的防区，岳飞当仁不让地担负起守土之责。

岳飞非常想守住泰州、通州，毕竟自己是这里的父母官，是两州百姓希望所在，但此时金军拥兵号称20万，实力强大，双方众寡悬殊，再加上这两州地势平旷，无险可守，所以岳飞心里其实也没有把握。

此时，朝廷传来命令："泰州可战即战，可守即守；如其不可，且于近便沙洲保护百姓，伺便掩击。"也就是说，岳飞不必在泰州、通州和敌人硬拼。

即便有了朝廷明确的命令，岳飞依然不愿意让金军不费吹灰之力就占领泰州、通州。十一月三日，岳飞率军来到柴墟（今江苏省泰兴市西北口岸镇），随后与金军大战于南霸塘。此战异常惨烈，作为主将的岳飞身中两枪，依然率众苦战，在岳飞的感染下，岳家军将士殊死奋战，最终击败金军，金军"拥入河流者不可胜计"。

初战获胜之后，岳飞明白如果再打下去，自己必败无疑，因为岳家军不仅人数不多，补给也非常困难。史载岳家军"粮饷乏绝，刲房尸以继廪"，也就是说士兵们缺乏粮草，已经到了不得不割敌人的肉充饥的

第三章 内征外战

境地。

岳飞下令将泰州、通州的数十万百姓迁往长江南岸的江阴,岳飞本人亲自率领200名骑兵殿后。金军见状,没敢继续追赶。

完颜昌率军一路攻克扬州、承州、楚州、泰州、通州等州县,淮河以南、长江以北的广大地区几乎都被金军占领,战事之顺利让完颜昌非常得意。

关键时刻,一个名叫张荣的人力挽狂澜,挽救了泰州。

张荣原为梁山泊渔民,金军南下后,他聚众数百人起义抗金,因其作战骁勇,人称"张敌万"。后来张荣率军南下,在承、楚二州的湖泊中修筑水寨,抵御金军。

为了消除后顾之忧,完颜昌率军企图一举攻灭张荣义军。听闻金军前来,张荣丝毫不慌,他对部下说:"无虑也,金人止有战舰数只在前,余皆小舟,方水退,隔泥淖,不能触岸。我舍舟而陆,杀棺材中人耳!"

张荣利用自己对地理环境的熟悉,引诱金兵陷入泥淖,随后伏兵四起,斩杀金军数千人,乘胜收复泰州。完颜昌率军狼狈逃往楚州,他根本不敢逗留,一路逃往淮河以北,淮南再次回归南宋的控制。

完颜昌率军北返之后,金军暂时停止了对南宋的大规模进攻,宋高宗也无意北伐,宋金之间出现了难得的和平时期。

宋高宗决定利用这段时间,着手剿除"内患"。当时因为战乱频繁,社会秩序混乱,大量散兵游勇和不法之徒啸聚山林,为祸一方,给百姓带来了深重的灾难,严重危害南宋的统治秩序,宋高宗决心将他们彻底剿除。

建炎四年(1130)十二月,张俊被任命为江南路招讨使,负责讨伐李成等游寇。当时李成实力强大,"据江、淮六七州,连兵数万,有席卷东南之意"。

张俊率军作战月余，始终无法击败李成，宋高宗斥责道："今日诸将，独汝无功！"张俊内心惶恐不安，他请求朝廷派岳飞协助其剿匪，得到了宋高宗的允许。

绍兴元年（1131）正月，岳飞率军由江阴出发，前往饶州与张俊会合。

李成派部将马进率军进犯洪州（今江西省南昌市），马进所部号称20万人，实力强大，张俊率军龟缩在洪州城内，根本不敢出战。

三月三日，岳飞率军到达洪州。张俊急忙把岳飞找来问道："俊与李成前后数战，皆失利，君其为我计之。"

岳飞说道："甚易也，贼贪而不虑后，若以骑兵三千，自上流生米渡出其不意，破之必矣。飞虽不才，愿为先锋以行。"

张俊闻言大喜，急忙派岳飞率军御敌。

岳飞率军由生米渡（今江西省南昌市西南）渡江，在玉隆观一带与

岳飞奉诏征李天王
选自《新刊按鉴演义全像大宋中兴岳王传》明刊本 （明）余应鳌/编

马进所部遭遇。岳飞首先率军进攻马进的右翼,大败敌军,马进率部仓皇逃窜。

岳飞率军追出25里,遇到一条河,河上有一座土桥,岳飞刚刚带领几十名骑兵从桥上过河,土桥突然坍塌,岳飞顿时处于极为危险的境地。

马进见状,立刻率军发动反扑,岳飞弯弓搭箭,一箭将敌人的先锋将领射死,随后岳飞率领仅有的几十名骑兵对敌人发动进攻。

马进所部万万没想到岳飞这点人马还敢发动进攻,顿时陷入慌乱之中,望风而溃。张俊率军赶来救援,马进急忙率部往西窜入筠州(今江西省高安市)。

三月十一日,不甘心失败的马进率军倾巢而出,向官军发动大规模

次洪州
选自《会纂宋岳鄂武穆王精忠录》朝鲜刊本 (明)姚茂良/著

进攻，所部军阵长达15里，声势浩大。

张俊见状，立刻做出部署，他亲自率领步兵正面迎战，同时陈思恭、岳飞率领骑兵兵分两路，绕到敌人的背后，以旌旗为号，随时准备对敌人发动突袭。

战斗开始后，张俊率军与敌人激战至中午，等到双方均人困马乏之时，张俊旌旗一指，陈思恭、岳飞立刻率领骑兵从山上冲下来，马进所部陷入混乱，"骇乱退走，死者数万人，俘八千人"。对于这8000名俘

待渡图
（南宋）李唐／画

房，张俊担心他们会降而复叛，于是命令陈思恭将他们全部杀死。

大败之后，马进急忙率领残部跑去向李成求救。

岳飞率部连夜追击，他命令士兵全部人衔枚、马裹蹄，悄悄在朱家山（今江西省九江市永修县西南）的密林里面埋伏。等马进率军进入伏击圈之后，岳飞一声令下，伏兵四起，马进所部大败。此战岳飞率军歼敌5000余人，斩杀敌将赵万。马进带领十几名骑兵狼狈而逃。

听闻马进几乎全军覆没，李成非常震惊，他立刻率领全部人马，号称10余万，迎战官军。

张俊率军追击至奉新（今江西省宜春市奉新县）楼子庄，李成命令部下商元率军在草山一带设伏，准备伏击官军。

张俊率军到达草山之后，看到这里山路险峻、地形复杂，认定必有埋伏，于是命令步兵从小路冲上山顶，将发现的伏兵全部杀死，随后全军出击，大败李成。此战的胜利，使张俊赢得了"张铁山"的美名。

李成所部元气大伤，他率军向蕲州（今湖北省黄冈市蕲春县）方向逃窜。岳飞率领骑兵追击，在张家渡追上了李成，再度将其打得大败，连续斩杀了马进、孙建等敌军将领。李成率军昼夜逃命，不敢有丝毫停歇，因为饥饿疲惫而死的人占了十之四五。岳飞率军一直追击李成到蕲州，先后俘虏敌军士兵15000余人，马匹2000余匹，缴获的武器、盔甲、财物等不可计数。

李成北逃，最终投降金朝的傀儡政权伪齐，其余部被彻底消灭。

在成功消灭李成之后，岳飞又马不停蹄接受了另一项任务——招降土匪张用。

张用"勇力绝群"，自号"张莽荡"，麾下号称有5万部众。张用的妻子号"一丈青"，也是女中豪杰，披甲上马，据说可敌千人。

张用率众在江西一带流窜，张俊深以为忧，他得知张用和岳飞是同乡，两人都是相州人，希望岳飞能够去劝说张用投降，他对岳飞说道："非公无可遣者。"

听到张俊的想法，岳飞慨然允诺。

张俊问岳飞需要带多少人马，岳飞说道："以飞自行，此贼可徒手擒。"虽然张俊敬重岳飞的胆气，但是谨慎起见，他依然给了岳飞三千兵马。

岳飞率军到达金牛（今江西省吉安市永丰县南），他并没有继续前进，而是命令士兵安营扎寨，同时派人送给张用一封信，信中岳飞写道：

> 吾与汝同里人，忠以告汝，南薰门、铁路步之战，皆汝所悉也。今吾自将在此，汝欲战则出战，不欲战则降。降则国家录用，各受宠荣；不降则身陨锋镝，或系累归朝廷，虽悔不可及矣。

岳飞差人送书信给张用
选自《新刊按鉴演义全像大宋中兴岳王传》明刊本 （明）余应鳌/编

张用和妻子早就听闻岳飞的英勇事迹,在看到岳飞的信之后,他们当即表示乐意归附。张用对信使说道:"果吾父也,敢不降!"随后两人率军出营,向岳飞投降。

看到岳飞兵不血刃就招降了拥有数万部众的张用,张俊高兴地说道:"岳观察之勇略,吾与汝曹俱不及也。"

招降张用之后,岳飞又招降了溃散的马进余党数万人,岳飞淘汰老弱,得到精兵万余人,这些人岳飞没有自己留下,而是全部补充进了张俊的队伍。

岳飞此举,充分证明了他绝不是一个只会沙场冲锋、毫无情商的莽夫,他很懂人情世故,知道如何取悦上级。

看到岳飞如此"明事理",张俊非常高兴,在给宋高宗的奏折中,张俊称赞岳飞功劳位居第一。

绍兴元年(1131)七月,鉴于岳飞功勋卓著,宋高宗下旨将岳家军的军号定名为神武右副军,任命岳飞为统制,屯驻洪州。当时,张俊所

张用率众投降
选自《新刊按鉴演义全像大宋中兴岳王传》明刊本 (明)余应鳌/编

岳飞引张用见张俊
选自《新刊按鉴演义全像大宋中兴岳王传》明刊本 （明）余应鳌/编

部为神武右军，韩世忠所部为神武左军，王𤫊所部为神武前军，陈思恭所部为神武后军。作为神武右副军统帅的岳飞依然归张俊领导。

岳飞担任的统制是什么官职呢？

宋朝时，遇到战事，皇帝就选择一人给予"都统制"的官衔，率军出征。都统制之下，还有统制、同统制、副统制等官。当时，张俊、韩世忠是都统制，而同样统帅一军的王𤫊、陈思恭只是统制。朝廷任命岳飞为统制，在当时已经算是很高的封赏了。

十月，岳飞又被任命为亲卫大夫、建州（今福建省建瓯市）观察使。观察使在唐朝时负责掌管一个州的军务和政务，权力很大，但是到宋朝时，观察使无职掌，无定员，也不驻本州，仅为武臣准备升迁时之寄禄官，实际上属于虚衔。因此岳飞不必千里迢迢跑到福建去任职。

在这期间，有一股游寇攻陷了邵武军（治所在今福建省邵武市），江西安抚大使李回担心他们会进攻江西,急忙向驻扎在洪州的岳飞求援。岳飞立刻派兵3000人守卫建昌军(治所在今江西省抚州市南城县),派兵2000人守卫抚州(今江西省抚州市)。岳飞下令将写有"岳"字的旗帜高高地挂在城门上,并且在全城贴出告示:"贼入此者死!"这些游寇早就听闻岳飞大名,根本不敢入寇江西,由此百姓安稳如故。

十二月,鉴于岳飞保卫一方有功,宋高宗下诏,岳家军改号神武副军,岳飞升为都统制。这样岳飞不仅升了官,而且终于独自统领一军,在地位上可以和张俊、韩世忠平起平坐了。

第二节　消灭曹成

绍兴二年（1132）正月，宋高宗下诏，任命岳飞为权知潭州（今湖南省长沙市）兼权荆湖东路安抚使、马步军都总管，命令岳飞率军消灭荆湖东路的土匪游寇。

三月十七日，岳飞正式率军从洪州出发，他的第一个目标就是荆湖东路最大的游寇势力——曹成。

听闻前来讨伐的官军将领是岳飞，曹成被吓得胆战心惊，他对于李成所部全军覆没的经过太熟悉了。曹成对部下说道："岳家军来矣，吾属能为必胜计耶？"曹成知道自己不是岳飞的对手，于是命令部下分路逃窜。曹成本人亲自率领一支部队进攻全州、永州，进犯广西。

曹成贼心未改，趁着岳飞还没有赶到，纵兵四掠，抢劫百姓，准备最后再捞一把。

三月三十日，岳飞率军到达茶陵（今湖南省株洲市茶陵县），同时不断派兵侦察曹成的动向。鉴于岳飞有成功招降张用的经验，宋高宗下诏，要求岳飞尝试招降曹成。

岳飞多次将宋高宗的旨意传给曹成，希望他能够率众归降，但曹成始终不为所动。于是岳飞上奏宋高宗："内寇不除，何以攘外；近郊多垒，何以服远。比年群盗竞作，朝廷务广德意，多命招安。故盗亦玩威不畏，力强则肆暴，力屈则就招。苟不略加剿除，蜂起之众未可遽殄。"宋高宗表示同意。

岳飞率军继续进军，经郴州（今湖南省郴州市）、桂阳监（今湖南省郴州市桂阳县），抵达道州（今湖南省永州市道县）。此时，岳飞听闻曹成正在率军围攻桂州静江军（今广西壮族自治区桂林市），急忙派张宪、吴锡率军先行出发，取道全州（今广西壮族自治区桂林市全州县）为桂州解围。

曹成战败南逃，率军退守荔浦县（今广西壮族自治区荔浦市）东北的莫邪关，岳飞命张宪、郭进率军进攻莫邪关。

岳飞本以为节节败退的曹成已经掀不起什么波澜，却没想到自己差点因为一个小人物而阴沟里翻船。

张宪、郭进都是岳飞麾下的猛将，岳飞觉得派这两人进攻莫邪关，应该问题不大。实际上战斗一开始确实非常顺利，郭进和两名旗头手持长枪冲锋在前，敌军前来迎战，郭进挥枪先进，一枪就刺死了敌人的一名旗头，敌军很快就陷入混乱。张宪、郭进见状立刻率军进攻，乘胜冲入关内，顺利夺取莫邪关。

张宪向岳飞报告，此战郭进功居第一。岳飞大喜，立刻解下自己的金束带和其他随身物品赏赐郭进，并下令给郭进补授秉义郎。

官军进入莫邪关之后，觉得战斗已经结束，纷纷放松戒备。将军韩顺夫脱下铠甲，和俘获的妇人一起喝酒取乐，毫无防备。

此时，曹成麾下的将领杨再兴突然率军进攻韩顺夫的大营，官军猝不及防，连连败退，在战斗中，韩顺夫被杨再兴砍断了一只胳膊，伤重而死。

岳飞闻信之后大怒，下令将韩顺夫的亲兵全部斩首，并责令其副将王某擒获杨再兴以赎罪。随后，后军统制王经、前军统制张宪也率军前来围攻杨再兴,杨再兴不但不撤退,反而继续率军奋战,又杀死了岳飞的弟弟岳翻。但是杨再兴一个人终究独木难支,他最终被岳家军击败,单骑逃走。

四月,岳飞率军进入贺州(今广西壮族自治区贺州市),曹成则率军驻扎在太平场(今广东省广州市从化区西南太平镇)。岳飞率军继续前进,在距离曹成大营几十里的地方扎营。

当时军中捉住了一名曹成派来的间谍,岳飞下令将其捆起来,扔在自己的大帐里面。过了一会儿,岳飞来到帐外,把军中管理粮草的官吏找来,要求他调运粮食,这名官吏说道:"粮且罄矣,奈何?"岳飞回答:"促之耳,不然,姑返茶陵以就饷。"随后岳飞回到大帐内,不久把这名间谍给放了。

其实这一切只是岳飞演的一场戏罢了,他想以此给曹成传递一个假消息,让曹成误以为岳家军军粮将尽,朝不保夕,从而疏于防范。

果不其然,间谍逃回去之后将岳家军粮草不足的消息告诉曹成,曹

小卒捉获曹成细作
选自《新刊按鉴演义全像大宋中兴岳王传》明刊本 (明)余应鳌/编

成大喜,立刻下令全军好好休息,明天向岳飞发动猛攻。

当天晚上,岳飞下令全军出击,偷偷绕到敌军侧背,在拂晓时分突然发动进攻,很快就攻破太平场。曹成慌不择路,仓皇逃窜。

四月六日,曹成又率军3万人迎战岳飞,岳飞再次将其击败。连战连败之后,曹成明白自己的部队根本不是岳家军的对手,他决定转攻为守,利用附近复杂的地形和熟悉地理环境的优势展开防御,逐渐削弱岳飞的实力。

从贺州到桂岭县(今广西壮族自治区桂岭镇)地形复杂,道路崎岖,"尽是山险河涧,唯狭路往来,人马不得并行"。途中还有3座险要的关隘,分别是北藏岭、上梧关、蓬岭,这都是岳家军前进道路上的重要阻碍。

通过对地形的侦察,岳飞对沿途的艰险早已有所了解,但是自己此行就是要消灭曹成的,怎么可能因为地形艰险就退缩呢?岳飞毅然率军前进。

在岳家军的凌厉攻势下,曹成所设置的防线逐渐崩溃,岳家军先后攻破北藏岭、上梧关。

四月十三日,曹成派兵15000人发动反击,被岳飞打得大败。

四月十五日,岳飞率军到达蓬岭。曹成命令士兵在蓬岭上严防死守。岳飞部署完毕之后,一声令下,岳家军士兵奋不顾身冲上蓬岭,与敌军展开决战,最终大获全胜,"杀死及掩拥入河不知其数"。

四月十六日,岳飞率军夺取桂岭县,曹成率领残部向连州路(今广东省连州市一带)逃窜。走投无路之下,曹成不敢向岳飞投降,他最终投降了韩世忠。

在曹成败退的过程中,杨再兴也跟随溃军一路逃到静江军。岳家军对杨再兴恨之入骨,对其穷追不舍,最终将杨再兴擒获。

岳家军准备直接将杨再兴砍了,杨再兴说道:"我是好汉,当执我见岳飞。"随后杨再兴被押往岳飞的大帐。

见到杨再兴之后,岳飞不但不计较杀弟之仇,反而亲手解开捆绑杨再兴的绳索,对他说道:"我与汝是乡人,汝好汉也,吾不杀汝,当以忠义报国家!"

岳飞的宽容大度让杨再兴大为感动,他诚心向岳飞归降,岳飞将其留在帐下,从此杨再兴成为岳飞麾下一员猛将。

此次作战,岳家军俘虏了大量曹成部众。如何处理这些俘虏,成了岳飞需要解决的大问题。

岳飞把张宪、王贵、徐庆找来,对他们说道:"曹成败走,余党尽散,追而杀之,则良民胁从,深可悯痛;然纵其所往,则大兵既旋,复

蓬岭大战
选自《会纂宋岳鄂武穆王精忠录》朝鲜刊本 (明)姚茂良/著

第三章　内征外战

曹成跌落马下
选自《新刊按鉴演义全像大宋中兴岳王传》明刊本　（明）余应鳌/编

曹成投降
选自《新刊按鉴演义全像大宋中兴岳王传》明刊本　（明）余应鳌/编

聚为盗。吾今遣若等三路招降，若复抵拒，诛其酋而抚其众。谨毋妄杀，以累主上保民之仁。"

随后，张宪前往贺州、连州，徐庆前往邵州、道州，王贵前往郴州、桂阳，召集那些逃散的曹成溃军，先后投降的有2万多人。岳飞给其衣食，皆令遣返乡里。

岳飞平定了曹成，再次立下大功。绍兴二年（1132）六月，岳飞因功授中卫大夫、武安军承宣使。承宣使和观察使官阶一样，都是虚衔，并且都是从五品，没有区别，但是中卫大夫官阶略有提升。宋朝定武臣官阶为五十三阶，岳飞之前被授予的亲卫大夫为第十一阶，中卫大夫则为第九阶，岳飞相当于升了两阶。

七月七日，在返程的路上，岳飞途径祁阳县（今湖南省祁阳市）大营驿，写下了一篇题记：

> 权湖南帅岳飞被旨讨贼曹成，自桂岭平荡巢穴，二广、湖湘悉皆安妥。痛念二圣远狩沙漠，天下靡宁，誓竭忠孝。赖社稷威灵，君相贤圣，他日扫清胡虏，复归故国，迎两宫还朝，宽天子宵旰之忧，此所志也。顾蜂蚁之群，岂足为功。过此，因留于壁。

在随后的一年里，岳家军屯兵江州（今江西省九江市），守卫长江中游地区。

绍兴三年（1133）九月，岳飞奉命前往临安觐见宋高宗。岳飞上次觐见皇帝还是在建炎四年（1130）五月，一晃3年过去了，岳飞有了再睹天颜的机会。在这些年里，岳飞为南宋立下了汗马功劳，已然是南宋的国家柱石之一，所以宋高宗有必要再次召见岳飞。

第三章 内征外战

见到岳飞之后,宋高宗赏赐他衣甲、马铠、弓箭各一副,捻金线战袍、金带、手刀、银缠枪、战马、海马皮鞍各一件。宋高宗亲笔书写了"精忠岳飞"4个大字,做成一面大旗,授予岳飞,从此这面旗帜成了岳飞和岳家军的象征。

除此之外,宋高宗提拔岳飞为镇南军承宣使,担任江南西路沿江制置使,岳家军改号神武后军。随后,牛皋、董先、李道等部也被拨归岳家军,岳家军兵力得到扩充,总兵力达到2万余人。

皇帝的赏赐不可谓不丰厚,岳飞内心也非常高兴,但是高兴之余,他心里总觉得有些异样。岳飞一直致力于抗击金军,收复河山,但是他的飞黄腾达却是通过剿灭游寇获得的。这些游寇固然为害一方,必须消灭,但他们毕竟是宋人,如果是太平盛世,他们中大多数人肯定都是老实本分的平民。岳飞希望在未来的战场上,自己能够通过击败金军来赢得更多的荣誉。

与战场上所向无敌、仕途上飞黄腾达不同,岳飞这几年的感情经历

高宗制大旗赐岳飞
选自《新刊按鉴演义全像大宋中兴岳王传》明刊本 (明)余应鳌/编

颇为坎坷。岳飞离开家乡的时候，委托妻子刘氏照顾母亲姚氏和儿子岳云、岳雷。几年之后，岳飞得知刘氏竟然抛弃了婆婆和两个孩子，两次改嫁他人。岳飞愤怒于刘氏的背信弃义，他急忙派人到家乡去寻找母亲和儿子，前后花了很多工夫，才把母亲和儿子接到自己身边。

无巧不成书，刘氏之后嫁与韩世忠军中一押队。韩世忠得知此事后，写信告诉岳飞，他可以派人把刘氏接走："宣抚（指岳飞）有结发之妻，见在此中嫁做一押队之妻，可差人来取之。"岳飞对刘氏的行为很愤怒，根本不愿意管她，所以没有给韩世忠回信。

韩世忠后来将此事告诉宋高宗，于是岳飞给宋高宗上书道："履冰渡河之日，留臣妻侍老母，不期妻两经更嫁，臣切骨恨之。已差人送钱五百贯，以助其不足，恐天下不知其由也。"宋高宗表示理解。

在与刘氏的婚姻彻底破裂之后，岳飞认识了另一名女子，此女名叫李娃，字孝娥，宜兴（今江苏省宜兴市）人，生于建中靖国元年（1101），比岳飞大2岁。后来，岳飞和李娃结婚，两人感情和睦，李娃先后生下了岳霖、岳震、岳霆。

第三章　内征外战

第三节　收复襄汉

在基本平定内乱之后,岳飞迫不及待地开始筹划他期盼已久的北伐大业。

绍兴四年(1134)春,岳飞向宋高宗上《乞复襄阳札子》,提出收复陷于伪齐刘豫政权的襄汉六郡(襄阳府、郢州、随州、唐州、邓州、信阳军)的主张,并说:"恢复中原,此为基本。"

伪齐是什么政权?襄汉六郡又是怎么沦陷敌手的呢?

建立金朝的女真人虽然战斗力非常凶悍,但他们文化落后,政治架构非常原始,所以来到经济和文化发达的中原地区之后,金朝统治者感觉统治中原地区非常吃力。再加上女真人人数有限,难以在中原地区大规模驻军,所以在攻克中原之后相当长一段时间里,金朝一直希望通过在中原建立傀儡政权的方式,对中原汉人进行间接统治。

靖康二年(1127),金军离开开封北撤之前,立宋朝宰相张邦昌为傀儡皇帝,建国号曰"大楚"。金军离开之后,张邦昌立即派人奉迎赵构即位,前后"僭位"仅33日,不久张邦昌被赐死,金朝建立傀儡政权的第一场尝试宣告失败。

建炎四年(1130),金军渡江穷追赵构未果,不得不北返,随即决定在已占领的黄河以南地区建立傀儡政权,这次金军选中的人名叫刘豫。

刘豫，生于北宋熙宁六年（1073），永静军阜城（今河北省衡水市阜城县）人。刘豫通过科举考中进士，先后担任殿中侍御史、河北西路提刑官等职。建炎二年（1128）正月，刘豫被任命为济南知府，同年冬天，金军包围济南，刘豫献城投降。

当年张邦昌成为"大楚"的皇帝，那是被金人逼迫为之。刘豫恰恰相反，他是真的想当这个皇帝。当刘豫得知金人要在中原建立傀儡政权后，他立刻派人带重礼贿赂完颜昌，请求封他为帝，完颜昌答应了。

在金军的支持下，建炎四年（1130）九月，刘豫建国称帝，国号"大齐"，都大名府，史称"伪齐"。伪齐控制了东起山东，西到陇中，北临黄河，南临淮水，包括襄汉诸州郡和商、秦二州在内的大片土地。

绍兴三年（1133），伪齐将领牛皋等人率军反正，他们联合南宋襄阳知府李横，对伪齐发动进攻。战争初期，宋军进展顺利，一度进逼开封府，刘豫惊恐之下急忙向金军求援。三月，完颜宗弼亲自率军救援伪齐，宋军大败，金军乘胜南下进攻，襄汉六郡先后沦陷。

襄汉六郡的沦陷，使得宋朝国防出现巨大缺口。所以，当岳飞主动提出收复襄汉六郡的时候，他很快就获得了宋高宗的允许。

绍兴四年（1134）三月，宋高宗正式任命岳飞为荆湖北路前沿统帅，并给他加上了"兼制置荆南、鄂、岳"的头衔。宋高宗要求岳飞在麦熟之前收复襄汉六郡。虽然同意岳飞北伐，但是他给岳飞加了限制条件，在诏书中写道：

敕岳飞：矧卿忠义之心，通于神明，故兵不犯令，民不厌兵，可无愧于古人矣。今朝廷从卿所请，已降画一，令卿收复襄阳数郡。惟是服者舍之，拒者伐之，追奔之际，慎无出李横

第三章 内征外战

所守旧界，却致引惹，有误大计。虽立奇功，必加尔罚，务在遵禀号令而已。收复之后，安辑百姓，随宜措画，使可守御，不致班师之后，复有疏虞，始可回军，依旧屯驻。朕当重实赏典，以旌尔功。故兹笔谕，无慢我言。

宋高宗的这道诏书无异于给岳飞加了一道紧箍咒，他的意思很明确，岳飞此战的任务仅限于收复襄汉六郡，绝对不能继续北伐、扩大战果。如果岳飞敢扩大攻击范围，那么"虽立奇功，必加尔罚"。

虽然此战进攻范围受限，虽然对手只是伪齐而不是金军，但是岳飞依然很满足，因为这将会是宋金战争爆发之后南宋第一次收复失地的大规模北伐战争。

四月十九日，岳飞正式率军由江州出发。岳家军先到达鄂州，然后由鄂州渡江，踏上了北伐的征途。乘船渡江北上时，岳飞情绪昂扬地说道："飞不擒贼帅，复旧境，不涉此江！"

五月五日，岳家军直抵郢州（治所在今湖北省钟祥市）城下。郢州位于伪齐政权统治范围的最南端，是刘豫在江北的桥头堡，所以刘豫非常重视郢州。

守卫郢州的伪齐将领名叫京超，此人"勇悍，号万人敌"，他率军万余人守卫郢州，实力不容小觑。

虽然敌人实力强劲，但是当岳飞骑马环绕郢州侦察完毕之后，他指着郢州城的东北敌楼说道："可贺我也！"众将不知岳飞的自信从哪里来，但是看到岳飞信心满满，众将士皆是信心倍增。

岳飞之所以这么有信心，是因为他发现城东北地基较高，城墙相对高度较矮，而敌人在这里的防御并不严密，这就形成了一个巨大的防守缺陷。

渡江誓众
选自《会纂宋岳鄂武穆王精忠录》朝鲜刊本 （明）姚茂良/著

虽然岳飞有信心攻克郢州，但是他依然先礼后兵，希望劝说京超投诚，以兵不血刃的方式收复郢州。岳飞派张宪在城外对城内喊道："尔曹本受圣朝厚恩，何得叛从刘豫？"京超派自己的谋士刘楫出来，回应道："今日各事其主，毋多言也！"岳飞见敌人冥顽不灵，知道这场攻城战不打不行了。

当时岳飞军中军粮非常紧张，岳飞问军需官："粮所余几何？"军需官回答："可再饭。"意思是就只够吃两顿饭了。岳飞听后从容说道："可矣，吾以翌日巳时破贼！"

第二天清晨，岳家军对郢州发动猛攻，战斗非常激烈，岳飞亲自在城外指挥作战，忽然有一大块炮石落在他面前，左右之人都吓得惊慌不已，唯独岳飞气定神闲、纹丝不动。

第三章 内征外战

在岳飞的激励下，众将士冲杀到城下，搭成人梯攀上城头，很快就攻破了郢州外城，攻入城内。京超见败局已定，跳崖自杀而死。

岳家军顺利攻克郢州，此战非常激烈，岳家军共计斩杀敌军7000余人，敌人的尸体垒得和城内的天王楼一样高。岳家军俘虏了刘楃，岳飞责之以国家大义，随后将其斩首。

顺利攻克郢州后，岳家军兵分两路：张宪、徐庆率军进攻随州（今湖北省随州市），岳飞则亲自领军直趋战略要地襄阳府（今湖北省襄阳市）。

当时守卫襄阳的伪齐将领，正是岳飞的"老熟人"、他曾经的手下败将——李成。李成曾经多次败在岳飞的手下，深知岳飞的厉害，现在看到岳飞仅用一天时间就攻破了京超守卫的郢州，更是胆战心惊。于

复郢州
选自《会纂宋岳鄂武穆王精忠录》朝鲜刊本 （明）姚茂良/著

是，李成决定三十六计走为上计，弃城逃跑。

五月十七日，岳飞率军收复襄阳。

张宪、徐庆率军进攻随州，守卫随州的伪齐将领王嵩听说岳家军打来了，躲在随州城里，根本不敢出战。岳飞担心随州之战有可能会旷日持久，于是派遣牛皋率军前往增援。

随州之战是牛皋归附岳飞之后的首战，牛皋非常希望能够斩将立功，在新主帅面前留下一个好印象。为了轻装前进，牛皋只带了3天的

襄阳鏖战
选自《会纂宋岳鄂武穆王精忠录》朝鲜刊本 （明）姚茂良/著

岳飞的军队取得了辉煌的胜利。伪齐刘豫见状，慌忙调动麾下的兵力进行应对，甚至还求助了金国的"番贼"，同时从河北、河东两地征召"签军"前来增援。得到援助后的李成，不甘失败，企图重新夺回襄阳府的控制权，率领着号称多达30万的大军卷土重来。然而，这股庞大的反扑势力再次遭到岳飞军队的顽强抵抗，最终落得个惨败的下场。

第三章　内征外战

岳飞议破李成
选自《新刊按鉴演义全像大宋中兴岳王传》明刊本　（明）余应鳌/编

岳飞复战李成
选自《新刊按鉴演义全像大宋中兴岳王传》明刊本　（明）余应鳌/编

李成败走
选自《新刊按鉴演义全像大宋中兴岳王传》明刊本 （明）余应鳌/编

粮食。到达随州城下后，牛皋立刻率军猛攻，不到 3 天就攻克了随州，俘虏了王嵩和伪齐军 5000 人，岳飞下令将王嵩斩首。

除了牛皋之外，随州之战中表现出色的还有岳飞的长子岳云。虽然岳云此时只有 16 岁，但是虎父无犬子，他勇冠三军，手持两把铁锥枪，冲锋在前，第一个登上随州城头，全军上下都为之惊叹。

岳家军在不到 1 个月的时间里，接连攻克郢州、襄阳和随州，进展迅速，这让刘豫非常震惊。刘豫急忙调集兵力，准备对岳飞发动反击。他还向金朝请求援兵，但是金朝并不愿意为刘豫出力太多，派来的只是少量金兵和河北、河东的"签军"。派来的部队大都是金朝在汉人中强行抽调的丁壮组成的军队，战斗力不强，不过对于局势岌岌可危的刘豫来讲依然是重要的助力。

在集结了足够多的兵力后，刘豫任命李成为主帅，率军南下抵御岳飞。

李成部众号称 30 万，驻扎新野（今河南省南阳市新野县），声势浩大。岳飞闻信后派将领王万率军驻扎清水河作为诱饵,岳飞自己则亲率大军尾随其后。

六月五日,李成率军主动向岳家军发动进攻,王万和岳飞率军两路夹击,将李成击败。李成不甘失败,第二天又率军倾巢而出,出城40里迎战。王贵、牛皋等人向岳飞请战,岳飞笑着说道:"且止,此贼屡败吾手,吾意其更事颇多,必差练习,今其疏暗如故。夫步卒之利在阻险,骑兵之利在平旷;成乃左列骑兵于江岸,右列步卒于平地,虽言有众十万,何能为!"

岳飞举起鞭子对王贵说道:"尔以长枪步卒,由成之右击骑兵。"随后岳飞又对牛皋说:"尔以骑兵,由成之左击步卒。"

战斗开始后,伪齐军队的骑兵受困于王贵所率领的岳家军长枪方阵,动弹不得。伪齐军队的步兵则在牛皋率领的岳家军骑兵的冲击下迅速溃败。岳家军两路夹击,很快就打得伪齐军队大败。在岳家军的追击下,伪齐军队无数人落入江中,战死的、淹死的不计其数,横尸20余里。

刘豫战败后,金军将领刘合孛堇率军数万赶来支援。刘合孛堇领军与李成会合,集结于邓州(治所在今河南省邓州市)附近,筑寨掘壕,以遏制岳家军北上。

听闻金军援军赶来,宋高宗非常惶恐,立刻下诏:"令岳飞详度事机,审料敌情,唐、邓、信阳决可攻取,即行进兵;如未可攻,先次措置襄阳、随、郢如何防守,务在持重,终保成功。"宋高宗的意思很明确,此次出征战果已经不小了,见好就收吧,不要再继续前进了,一旦打输,好不容易获得的战果就全丢了。

岳飞会听从宋高宗的建议吗?当然不会,他等这一仗已经等得太久了。

复邓州
选自《会纂宋岳鄂武穆王精忠录》朝鲜刊本 （明）姚茂良/著

岳飞生擒高仲
选自《新刊按鉴演义全像大宋中兴岳王传》明刊本 （明）余应鳌/编

第三章 内征外战

经过1个多月的充分准备,岳飞发动了对伪齐和金军的进攻,他命令王贵率军由光化路、张宪率军由横林路向敌人发动钳形攻势。

在离邓州城30余里的地方,敌军数万人前来迎战,王万、董先两人率军对敌人发动奇袭,将敌人击溃。岳家军各部乘胜对敌人发动猛攻,金军大败,岳家军俘虏"杨德胜等二百余人,夺马二百余匹,衣甲不知其数"。

伪齐将领高仲率领残部逃入邓州城,闭门坚守。七月十七日,岳飞下令对邓州发动围攻。岳家军将士奋勇作战,"不顾矢石,蚁附而上",最终攻破邓州,大获全胜。

在邓州一战中,岳云依然表现神勇,他又成为第一个登上邓州城头的勇士。岳云的英勇表现,为他在军中赢得了"赢官人"(官人为宋代对男子的尊称,"赢"此处指常胜不败的意思)的称号。

攻克邓州之后,岳飞决定乘胜而进,彻底收复襄汉六郡。

岳飞派遣李道率军进攻唐州,于七月二十三日攻克唐州城。在唐州以北30里,王贵、张宪率军再次遭遇金与伪齐的联军,岳家军将其击败,随后收复信阳军。

至此,岳飞完全收复襄汉六郡。

岳飞收复襄汉六郡的一系列战役,从战略上来讲,难度并不大。伪齐军队的战斗力不强,前来增援的金军也大都是由汉人组成的二线部队,岳家军则是宋军精锐,两相比较,自然是岳家军占上风。除此之外,襄汉六郡临近宋境,岳家军后勤补给非常便利。收复襄汉六郡,可以说是十拿九稳,结局并不意外。

虽然此战难度不大,但其政治意义非常重要。宋金战争爆发以来,宋军屡战屡败,半壁河山尽丧敌手,无数仁人志士呼吁北伐,收复河山,但多年以来从未实现。

收复襄汉六郡，是宋朝真正意义上的第一次大规模北伐，最终大获全胜，收复大片失地，这无疑是一场伟大的胜利，也是岳飞为宋朝做出的巨大贡献。

第三章　内征外战

第四节　扬威洞庭

绍兴四年（1134）八月，在收到岳飞收复襄汉六郡的奏报之后，宋高宗高兴地说道："朕素闻飞行军极有纪律，未知能破敌如此。"

听皇帝这么说，大臣胡松年赞同地说道："惟其有纪律，所以能破贼。若号令不明，士卒不整，方自治不暇，缓急安能成功？"

岳飞因功被任命为清远军节度使，湖北路荆、襄、潭州制置使，封武昌县开国子。

在岳飞的职务中，岳飞的实职是荆、襄、潭州制置使。荆州即今湖北荆州，襄州为今湖北襄阳，潭州则为今湖南长沙，这也就意味着今湖北、湖南广大地区的军务，全部都由岳飞负责。由此，岳飞成为可以独当一面的大将军。

虽然荆、襄、潭州制置使权力很大，但是真正给岳飞带来无上荣耀的职位，是清远军节度使。

唐朝时期，节度使权力很大，掌握一个地区的军政大权。不过，到了宋朝，节度使已经成为一个虚衔，是授予文臣武将的荣誉性职务，一般"不必赴镇"。虽然节度使权力不大，但是当官员就任节度使的时候，朝廷会举行一场隆重而盛大的仪式，这个仪式被称为"建节"。当时能够担任节度使的人寥寥无几，所以能够官拜节度使、举行建节仪式,是很多人毕生的追求。

"靖康之变"后,能够"建节"的武将只有4人,分别是刘光世、韩世忠、张俊和吴玠。这4人中,年龄最小的吴玠生于元祐八年(1093),比岳飞大了足足10岁。时年32岁的岳飞能够建节,这在当时绝无仅有,一时之间传为佳话。

在此后半年时间里,岳飞一直忙于荆州、襄州一带的防务。他上奏道:

> 金贼所爱惟子女金帛,志已骄惰;刘豫僭伪,人心终不忘宋。如以精兵二十万,直捣中原,恢复故疆,诚易为力。襄阳、随、郢地皆膏腴,苟行营田,其利为厚。臣候粮足,即过江北剿戮敌兵。

除了训练军队、修复城池、加强戒备外,岳飞还向宋高宗上书道:

岳飞操练军士
选自《新刊按鉴演义全像大宋中兴岳王传》明刊本 (明)余应鳌/编

第三章 内征外战

　　襄阳等六州归业人户全阙牛、种，乞量借官钱，俟起税日，分四料随税送纳。又乞支降钱米，养赡官兵，修葺城壁楼橹。应官私欠负，并行蠲放。州县官到罢，各转一官，选人改合入官，仍以招集流亡多寡为殿最。

　　岳飞的建议归结起来就是三项措施：第一，襄阳等地饱受战乱，农民生活困难，官府应当给农民提供贷款，让他们有钱购买耕牛和种子；第二，修筑城防，加强防卫；第三，招纳流亡百姓。

　　作为制置使的岳飞，其权力范围仅限于军务，但是岳飞的上奏涉及理政安民等政务，他实际上已经越权了。岳飞之所以要越权，是因为他明白，如果襄阳等地经济落后、民生凋敝，就根本不可能成为未来北伐的战略基地，无法为北伐提供物质基础。想要北伐，就必须确保襄阳等地的百姓恢复生产、安居乐业。即使是越权，为了国家大计，岳飞也会毅然慷慨直言。

岳飞进表
选自《新刊按鉴演义全像大宋中兴岳王传》明刊本 （明）余应鳌/编

高宗览表
选自《新刊按鉴演义全像大宋中兴岳王传》明刊本 （明）余应鳌/编

在收到岳飞的奏折之后,宋高宗并未太在意岳飞的越权,他下诏一切照岳飞所请。

绍兴五年（1135）初,岳飞再次获得机会觐见宋高宗。见到岳飞之后,为了表彰岳飞的战功,宋高宗下诏,封岳飞的母亲为国夫人,同时加授岳飞镇宁、崇信军节度使,晋封武昌郡开国侯。后来,宋高宗又任命岳飞为荆湖南北、襄阳路制置使,神武后军都统制。

拜将封侯,岳飞实现了作为一名武将的至高追求。

经过半年的苦心经营,襄阳等地的经济状况大为好转,此时岳飞接到了朝廷的命令,要求他立刻率军讨伐洞庭湖地区的杨幺。

宋金战争爆发后,洞庭湖地区经常受到金军及宋军溃兵的烧杀抢掠和匪徒的骚扰,再加上官府、地主的剥削,人民生活难以为继。建炎四年（1130）初,钟相率众起事,反抗宋朝的统治。朝廷立刻派大军镇压,钟相三月被俘,随后被杀。钟相死后,杨幺成为新的首领,他利用洞庭湖地区复杂的地形,建立营寨,坚持斗争。此后数年间,宋高宗多

第三章 内征外战

次派兵镇压，全都铩羽而归。万般无奈之下，宋高宗只能调岳飞出山，剿灭杨幺。

绍兴五年（1135）二月，宋高宗任命张浚为诸路兵马都督，岳飞为荆湖南北、襄阳路制置使，率军讨伐杨幺。

在接到讨伐杨幺的命令之后，岳飞开始思考如何用最小的代价、最快的速度消灭杨幺，因为他不愿意在对内战争中消耗过多精力，影响讨伐金朝的大业。经过再三思索，岳飞决定恩威并施，剿抚并用，先从内部分化瓦解，然后彻底消灭杨幺。

分化瓦解应该从谁开始呢？

经过周密侦察，岳飞选中了杨幺的部将黄佐。岳飞给黄佐写信，希望其率众投诚。黄佐久闻岳飞大名，他对使者说道："岳节使号令如山，若与之敌，万无生理，不如往降。节使诚信，必善遇我。"于是黄佐率众投诚。岳飞上奏朝廷，举荐黄佐为武义大夫。

为了表示对黄佐的信任，岳飞单骑进入黄佐的军营，他拍着黄佐的后背说道："子知逆顺者。果能立功，封侯岂足道？欲复遣子至湖中，视其可乘者擒之，可劝者招之，如何？"看到岳飞对自己如此信任，黄佐感激万分，发誓一定报答岳飞的恩情。

岳飞命令黄佐率军进攻敌军将领周伦部，黄佐一战斩杀周伦，俘虏敌将陈贵等人。岳飞向朝廷表奏黄佐的战功，朝廷晋升黄佐为武经大夫。

在此前的战斗中，荆南潭鼎澧岳等州制置使王爕被杨幺打得大败。岳飞来到后，王爕的部将任士安被划归岳飞指挥。面对此前屡战屡败的任士安，岳飞命令他作为诱饵引诱敌军，他对任士安说道："三日贼不平，斩汝。"

任士安于是率军先行，他沿途不断宣扬："岳太尉兵二十万至矣。"杨幺见任士安兵微将寡，觉得他是在虚张声势，率军进攻任士安。当杨

岳飞诏讨杨幺
选自《新刊按鉴演义全像大宋中兴岳王传》明刊本 （明）余应鳌/编

幺率军进入伏击圈之后，岳飞一声令下，岳家军伏兵四起，将杨幺打得大败。

五月，朝廷命张浚率军回朝，张浚认为杨幺水寨短时间内难以攻破，建议岳飞暂且停战，等明年再进攻杨幺。

岳飞胸有成竹地对张浚说："已有定画，都督能少留，不八日可破酋。"

张浚惊讶地问："何言之易？"

岳飞回答："王四厢（即王燮）以王师攻水寇则难，飞以水寇攻水寇则易。水战我短彼长，以所短攻所长，所以难。若因敌将用敌兵，夺其手足之助，离其腹心之托，使孤立，而后以王师乘之，八日之内，当俘诸酋。"

岳飞认为，杨幺之所以难以剿灭，最根本的原因在于杨幺的水军远胜于官军的水军。那么应该怎么办呢？临阵训练水军肯定来不及，最快捷的方式就是策反杨幺的部将，利用他们来进攻杨幺，从而达到以彼之

黄佐投降
选自《新刊按鉴演义全像大宋中兴岳王传》明刊本 （明）余应鳌/编

岳飞令黄佐招谕杨幺
选自《新刊按鉴演义全像大宋中兴岳王传》明刊本 （明）余应鳌/编

道还施彼身的效果。

张浚觉得岳飞说得有道理，同意岳飞继续作战。

岳飞率军来到鼎州（今湖南省常德市），在黄佐的帮助下，招降了杨幺的另一员部将杨钦。

岳飞高兴地说："杨钦骁悍，既降，贼腹心溃矣。"岳飞上奏，举荐杨钦为武义大夫，对他的赏赐非常丰厚，随后将杨钦派回去招降。过了两天，杨钦带来全琮、刘诜等人向岳飞投降，岳飞假意骂杨钦道："贼不尽降，何来也？"随后岳飞下令杖打杨钦，让他回去继续劝降杨幺的其他部将。

杨钦在岳飞营中的遭遇很快就被杨幺知道了，杨幺觉得岳飞连投降的人都不能好好对待，肯定是个平庸之人，不足为虑。

结果当天晚上，岳飞率军对杨幺的营寨发动突袭，杨钦率军里应外合，杨幺的部众猝不及防，一败涂地，数万人被俘，杨幺率领残部仓皇乘船逃窜。岳飞率领水军追击。

杨幺的水军船只巨大，装备先进，岳飞所率领的水军根本不是他的对手，史载杨幺"负固不服，方浮舟湖中，以轮激水，其行如飞，旁置撞竿，官舟迎之辄碎"。

应该如何应对呢？此时杨钦献上了计策，他建议岳飞用木头做成巨大的筏子，将港口的入口全部堵上，同时在水浅处用木头和杂草做陷阱。

陷阱完成之后，岳飞派了几个擅长骂战的士兵对杨幺破口大骂，杨幺怒不可遏，率军进攻，结果被官军引诱到了陷阱中。杨幺率领的大船被木头和杂草困住，动弹不得，岳飞趁机率军乘着吃水很浅的筏子进攻，岳家军士兵用巨木将杨幺所部战船全部撞坏。

杨幺见败局已定，遂投水自杀，结果自杀未遂，被牛皋俘获，随后被处斩。

第三章　内征外战

黄佐带领杨钦投降
选自《新刊按鉴演义全像大宋中兴岳王传》明刊本　（明）余应鳌/编

岳飞遣杨钦入湖招谕
选自《新刊按鉴演义全像大宋中兴岳王传》明刊本　（明）余应鳌/编

岳飞率军进入杨幺的营寨，杨幺所部残余士兵纷纷说道："是何神也！"遂全部投降。至此，杨幺所部被彻底剿灭。

此战岳家军俘虏的杨幺所部士兵数以万计，如何处理这些俘虏成了一个大问题。牛皋建议岳飞将这些俘虏全部处死，以威慑其他妄想作乱的人，岳飞表示反对，他下达军令：

> 杨幺之徒，本是村民，先被钟相以妖怪诳惑，次又缘程吏部怀鼎江劫虏之辱，不复存恤，须要杀尽，以雪前耻，致养得贼势张大。其实只是苟全性命，聚众逃生。今既诸寨出降，又渠魁杨幺已被显诛，其余徒党并是国家赤子，杀之岂不伤恩，有何利益？况不战屈人之兵，而全军为上，自是兵家所贵；若屠戮斩馘，不是好事。但得大事已了，仰副朝廷好生之意，上宽圣君贤相之忧，则自家门不负重责，于职事亦自无惭也。

岳飞定计破杨幺
选自《新刊按鉴演义全像大宋中兴岳王传》明刊本 （明）余应鳌／编

第三章　内征外战

牛皋生擒杨幺
选自《新刊按鉴演义全像大宋中兴岳王传》明刊本　（明）余应鳌/编

岳飞命令，凡精壮之士一律收编入伍，老弱不堪服役者，皆"各给米粮令归田"。经过挑选，岳飞一共获得丁壮五六万，被安置归业的有27000余户，10万余人。此战从开始到结束，正好8天，张浚得知后感叹说："岳侯神算也。"

此战之后，岳飞因功加检校少保，晋封武昌郡开国公，兼蕲、黄制置使，后又升荆湖南北、襄阳府路招讨使。随着晋封公爵，岳飞的爵位已经达到了最高点，封无可封，他也由此到达了人生的顶点。

破杨幺

选自《会纂宋岳鄂武穆王精忠录》朝鲜刊本 （明）姚茂良/著

第三章 内征外战

第四章　君臣嫌隙

第一节　北伐中原

绍兴六年（1136）正月，北方义军太行山忠义保社首领梁兴等人突破金人的围剿，率百余名骑兵渡黄河归附岳飞。岳飞非常高兴，将他们留下加以重用。

为了更好地安定襄阳等地的社会秩序，将襄阳打造为北伐的战略基地，岳飞向宋高宗上奏："襄阳自收复后，未置监司，州县无以按察。"于是，宋高宗任命李若虚为京西南路提举兼转运、提刑司公事。

岳飞的职务是荆湖南北、襄阳路招讨使。按照宋朝的地方行政制度，"路"中的转运使负责财赋，提点刑狱司掌管司法，提举常平司负责仓储、赈灾和盐铁专卖。也就是说，在湖北地区，岳飞是最高军事长官，李若虚则全权负责财务、司法、仓储等政务，两人互相牵制，共同负责。

但与此同时，宋高宗还下达了另外一道诏令："湖南北、襄阳府路有阙官，自知、通以下，许飞自择强明清干者任之，及得荐举改官，升擢差遣，其蠹政害民、赃污不法者，得自对移放罢。"

也就是说，湖北地区所有的知州、通判，岳飞都可以自行黜置任用。岳飞本来只是军事长官，对辖区内的政府官员是没有任免权的，但是宋高宗的这道诏令一下达，岳飞的地位陡然提升，除了李若虚外，辖

第四章　君臣嫌隙

区内所有政府官员岳飞都可以任免。这样一来，岳飞手握军政大权，其权力几乎和唐朝的节度使无异。

宋高宗是多疑之主，猜忌之心甚重，他能够放手给岳飞这么大的权力，就证明至少在这一时期，宋高宗对岳飞是非常信任的，君臣之间的关系也是融洽的。

梁兴到达襄阳之后不久，尚书右仆射张浚前往襄阳、荆州地区视察，他对岳飞在这里的工作非常满意，同时他赞同岳飞北伐收复中原的主张。

于是，张浚向宋高宗上奏："敌势未衰，而刘豫复据中原，为谋叵测，奏请亲行边塞，部分诸将，以观机会。"宋高宗表示同意。

在获得了皇帝的允许之后，张浚召集诸路大将，在建康召开军事会议，研究北伐中原之事。

张浚决定，韩世忠率军屯驻承州、楚州，进图淮阳；刘光世率军屯驻庐州（今安徽省合肥市），招抚北方的伪齐军队投诚；张俊率军屯驻盱眙，杨沂中为其后援，守卫建康；岳飞率军屯驻襄阳，进取中原。

毫无疑问，张浚在作战部署中，将最重要的任务交给了岳飞，因为他认为只有岳飞才能承担得起北伐的重任。

张浚对岳飞说道："此事君之素志也，惟君勉之！"

会议结束之后，岳飞返回鄂州（今湖北省鄂州市），开始进行北伐的准备工作。

随后，宋高宗下诏，岳飞升为荆湖北路、京西南路宣抚副使，并由镇宁、崇信军节度使移镇为武胜、定国军节度使。

这次北伐，本来是宋朝一次难得的全面部署、分路出击、大举收复中原的战略行动，但是北伐一开始就问题频出。

首先出问题的是韩世忠。绍兴六年（1136）二月，军事会议结束之

韩世忠承命诣楚
选自《新刊按鉴演义全像大宋中兴岳王传》明刊本 （明）余应鳌/编

诏岳飞屯驻鄂州
选自《新刊按鉴演义全像大宋中兴岳王传》明刊本 （明）余应鳌/编

第四章 君臣嫌隙

后不久,急于收复失地的韩世忠不待岳飞等人配合,就主动发起攻势。刘豫正聚众于淮阳,韩世忠率军渡过淮河,直抵淮阳城下。淮阳城防坚固,伪齐守军众多,韩世忠率军围攻6天,始终无法攻克淮阳。

听闻韩世忠率军北上,完颜宗弼不愿意再重蹈岳飞收复襄汉六郡的覆辙,他亲自率军救援淮阳。韩世忠势单力薄,于是向张俊求救,但是张俊拒绝救援,韩世忠不得不率军撤退。

韩世忠孤军北上,是一次非常鲁莽的行动。当时岳飞还没有回到鄂州,根本没法配合韩世忠的行动。所以韩世忠的失败是板上钉钉的。

岳飞刚回到鄂州,朝廷突然传来消息,他的"老相识"王彦即将就任知襄阳府、京西南路安抚使。王彦当年在太行山区率领八字军威震天下,打得金军闻风丧胆,后来他率军南下归宋。现在王彦已经年老体衰,张浚担心王彦一旦去世,如果找不到合适的人来统领王彦的部队,有可能会出乱子。所以张浚让王彦到襄阳任职,这样即使王彦去世,以岳飞的名望和能力,一定可以管理好王彦的旧部。

张浚调兵拒战
选自《新刊按鉴演义全像大宋中兴岳王传》明刊本 (明)余应鳌/编

张浚的主意很好，岳飞也不会反对，王彦却不乐意。因为王彦一旦去了襄阳，他就成了岳飞的下属，当年岳飞曾经在王彦麾下效力，王彦还曾经因为岳飞抗命，差点把岳飞杀了。两个人有这样一段过往，王彦非常担心岳飞会挟私报复，怎么可能安心受岳飞指挥呢？

王彦力辞不受命，张浚没办法，只得改任他为行营前护副军都统制、督府参谋军事，直接率军前往临安。

虽然王彦无法前来襄阳任职，但是岳飞依然希望和王彦改善关系。岳飞专程前去会见王彦，希望能够消除当年的恩怨。看到岳飞如此大度，王彦也大感快慰，两人至此恩怨尽消。

韩世忠行动不顺利，岳飞这边日子也不好过。

首先，岳飞眼疾复发了。作为一名北方人，岳飞并不适应南方的湿热气候，再加上岳飞常常在盛夏酷暑之时作战，久而久之，就落下了眼疾，这使得岳飞指挥作战大受影响。

其次，岳飞家中突然传来噩耗，他的母亲姚氏因病去世。按照中国古代礼法，父母去世，子女需要丁忧。如果是官员，无论此人担任何官何职，从得知丧事的那一天起，必须辞官回到祖籍，为父母守孝。

作为一名孝子，岳飞接到讣告之后，一面奏报朝廷，一面自行解职，扶母灵柩至庐山安葬，他接连上表，乞守3年终丧之制。

对于岳飞的要求，朝廷怎么可能会答应呢？大敌当前，岳飞别说是离开3年，就是3个月也不行啊！

宋高宗下诏，要求岳飞"夺情"任职，岳飞不得不返回军营继续任职。

虽然岳飞最终复职，但是这一来一回，时间已经到了六月，天气即将转凉，张浚决意放弃北伐计划，令诸大将"先图自守，以致其师，而后乘机击之"。

第四章　君臣嫌隙

岳飞上表辞名
选自《新刊按鉴演义全像大宋中兴岳王传》明刊本　（明）余应鳌/编

岳飞泣辞母墓
选自《新刊按鉴演义全像大宋中兴岳王传》明刊本　（明）余应鳌/编

诏岳飞起复
选自《新刊按鉴演义全像大宋中兴岳王传》明刊本 （明）余应鳌/编

张浚做出这个决定很正常，因为草原民族秋季战斗力最强。马为了越冬，会在秋天大量进食，以增加能量储备。秋高马肥，最适合女真人作战，所以张浚做出暂不北伐的决定。

当张浚的决定传到鄂州的时候，岳飞决定违背张浚的安排，率军北伐。明年复明年，明年何其多，如果明年又遇到了问题，难不成北伐大业再拖一年吗？这一年一年拖下去，什么时候是个头呢？岳飞不想再等了，他决定现在就出发。

绍兴六年（1136）七月，岳飞正式誓师，开始了自己的第二次北伐。岳飞命令兵分两路，牛皋和王贵分别率领一路人马北上。

牛皋率军首先进攻伪齐镇汝军（今河南省平顶山市鲁山县）。守卫镇汝军的伪齐将领名叫薛亨，此人骁勇善战，在伪齐军中颇有名气。牛皋毫不畏惧。开战之后，牛皋一鼓作气，攻破镇汝军。随后，牛皋继续率军北上，一直打到蔡州（今河南省驻马店市汝南县）城下，虽然没有攻破蔡州，但是率军将伪齐在附近储藏的辎重物资全部烧毁。

第四章 君臣嫌隙

王贵率领的另一路人马首先攻克卢氏县（今河南省三门峡市卢氏县），缴获粮食15万斛。随后王贵率军向西攻取虢略（今河南省灵宝市城关镇）、朱阳（今河南省灵宝市朱阳镇）、栾川（今河南省洛阳市栾川县），前后俘虏敌军数万人。

在基本收复虢州后，王贵挥军西向，收复商州全境，包括上洛（今陕西省商洛市商州区）、商洛（今陕西省商洛市丹凤县商镇）、洛南（今陕西省商洛市洛南县）、丰阳县（今陕西省商洛市山阳县）和上津（今湖北省十堰市郧西县）共5座县城。

得知岳家军连战连胜，宋高宗专门下诏嘉奖，他称赞岳家军"遂复商於之地，尽收虢略之城"，"长驱将入于三川，震响傍惊于五路"。

岳飞的进攻并没有结束，在顺利收复虢州、商州之后，岳飞派杨再兴率军进攻长水县（今河南省洛阳市洛宁县境内）。

八月十三日，杨再兴率军进入长水县境内，遭遇伪齐顺州安抚司都统制孙某和后军统制满在率领的数千人马。杨再兴率军向敌人掩杀而去，将敌军击败，斩杀敌军都统制孙某以下500余人，擒获后军统制满在以下百余人，其他敌军狼狈而逃。

杨再兴继续率军进攻，于八月十四日到达长水县孙洪涧，伪齐顺州安抚使张宣赞亲自率军2000余人前来迎战。两军先是隔着河互相射箭，随后杨再兴下令擂响战鼓，全军渡河进攻，一直激战到次日夜里二更时分，最终将敌人彻底击败，收复长水县全境。

长水一战，最大的收获并不是这座县城，而是杨再兴夺取了伪齐的一座马监，缴获战马1万余匹，这对于岳家军来讲是一个极大的收获。南方因为气候和水土原因，缺乏合适的大型养马场所，岳家军一直缺乏马匹。此次缴获战马1万余匹，为岳家军骑兵的扩充创造了条件。

在不断收到岳飞报捷的战报之后，宋高宗不但不高兴，反而越来越冷淡。他对张浚说道:"岳飞之捷,兵家不无缘饰,宜通书细问。非吝赏典,欲知措置之方尔。"意思就是:岳飞的捷报到底有没有水分?有没有夸张的成分?这要查清楚,朕不是吝啬赏赐,只是要赏罚得当。

张浚回答:"飞措置甚大,今已至伊、洛,则太行一带山寨,必有通谋者。自梁青(指梁兴)之来,彼意甚坚。"张浚认为,岳飞的战绩应该是真的,现在他已经打到了伊河、洛河一带,和太行山抗金武装建立联系,梁兴就是明证。

赵鼎也对岳飞北伐的前景表示支持,他说:"河东山寨如韦铨辈,虽力屈就金人招,而据险自保如旧,亦无如之何,羁縻而已。一旦王师渡河,此辈必为我用。"

虽然岳飞连战连捷,但是他毕竟是孤军北伐,其他各路宋军并没有和岳飞形成战略配合。此时岳飞兵锋直指战略要地洛阳和潼关,尽管岳飞非常想继续前进,但是他明白,一旦打到了洛阳和潼关,金军必然会派出大量精锐部队前来增援,届时岳家军恐怕很难抵挡。思虑再三,岳飞决定率军南撤,再图后举。

第四章 君臣嫌隙

第二节 进军蔡州

岳飞率军夺回商州、虢州等地,使伪齐刘豫大为震惊。刘豫在与宋军的战争中屡战屡败,这让金朝非常不满,金朝内部要求废黜刘豫的声音越来越大。

为了彰显自己的价值,刘豫决定主动对宋朝发动进攻,他向金朝请求援军,金朝大臣完颜宗磐说道:"先帝立豫者,欲豫辟疆保境,我得按兵息民也。今豫进不能取,退不能守,兵连祸结,休息无期。从之则豫收其利,而我实受弊,奈何许之!"金朝拒绝了刘豫的请求,刘豫不得已独自率军攻宋。

为了增加兵力,刘豫大规模征召农民入伍,凑出了20万大军,号称70万。

绍兴六年(1136)九月,刘豫下令兵分三路对宋朝发动大规模进攻,他将进攻的矛头指向了淮西地区:中路军由寿春(今安徽省淮南市寿县)进犯庐州(今安徽省合肥市),东路军取道紫荆山出涡口(涡水入淮处,在今安徽省蚌埠市怀远县东北)进犯定远(今安徽省滁州市定远县),西路兵由光州(今河南省信阳市东南)进犯六安(今安徽省六安市)。

听闻刘豫大举进攻,宋高宗急忙命令守卫淮西的韩世忠、张俊、杨沂中等人分路御敌。刘豫此次进攻声势浩大,宋高宗担心淮西的防御体

金主不允出兵
选自《新刊按鉴演义全像大宋中兴岳王传》明刊本 （明）余应鳌／编

系可能会出问题，为了以防万一，他决定令岳飞率部立刻东进，增援淮西。

当时岳飞的眼疾还没有痊愈，但是在接到宋高宗的诏令之后，他没有丝毫犹豫，立刻率军进发。不过事实证明宋高宗此举纯粹是多虑了。杨沂中率军连续击败伪齐军队，迫使刘豫不得不下令撤军。岳飞还没赶到淮西，战事就已经结束了。

虽然岳飞没有参战，但是他这种毫不含糊执行皇帝诏令、对朝廷高度忠诚的作风让宋高宗非常满意，他高兴地说道："刘麟败北不足喜，诸将知尊朝廷为可喜。"宋高宗专门下诏慰劳岳飞：

闻卿目疾小愈，即提兵东下，委身徇国，竭节事君，于卿见之，良用嘉叹。今淮西贼遁，未有他警，已谕张浚从长措置，卿更不须进发。其或襄、邓、陈、蔡有机可乘，即依张浚已行事理，从长措置，亦卿平日之志也。

第四章　君臣嫌隙

宋高宗的这份诏书，绝不单单是慰劳这么简单。在诏书中，宋高宗指出，如果"有机可乘"，那么岳飞就可以"从长措置"，以实现"平日之志"。也就是说，如果岳飞觉得时机合适，他可以主动率军进攻。不过宋高宗给进攻划定了范围，仅限于襄、邓、陈、蔡四州。

十月底，刘豫卷土重来，联合部分金军，向岳家军据守的襄汉、商虢地区发动猛烈进攻，前线岳家军立刻迎战。

十月二十七日，一支伪齐军队进攻铁岭关，岳家军将领寇成率军在横涧一带设伏。敌军骑兵1000余人进入伏击圈后，寇成立刻率军出击，斩杀敌军百余人。三十日，伪齐军队千余人再次进攻，又被寇成率军击退。

与此同时，伪齐在唐州以北的何家寨聚集兵马粮草，准备大举南下，岳飞命令王贵、董先率军主动发起进攻。十一月十日，王贵、董先率军与伪齐将领刘复在大标木遭遇。虽然伪齐军队在数量上占优势，但是王贵、董先率军奋勇作战，将伪齐军队击溃，随后乘胜追击，一直追到何家寨，将伪齐军队的辎重物资全部烧毁。

得知岳飞派兵进攻何家寨，刘豫急忙派薛亨率军10万前来增援，王贵、董先率军迎战。战斗开始后，王贵、董先佯装不敌，率军败退，薛亨急忙率军追击。王贵、董先命令冯赛率奇兵绕到敌人的背后，两面夹击，将薛亨打得大败，歼敌万余人。

虽然刘豫的这次攻势被有效遏制，但是岳飞不愿意善罢甘休，他决定乘胜发动第三次北伐，收复更多的失地。

绍兴六年（1136）十一月，岳飞正式率军北上。当时伪齐将领郭德、魏汝弼、施富、任安中等人率军5万，正准备进攻邓州，岳飞闻信后立刻派张宪、郝晸、杨再兴率军1万前去迎战。两军相遇于内乡（今河南省南阳市内乡县），对峙起来。

张宪对郝晸、杨再兴说道:"贼势甚锐,必欺敌。我以轻兵迎战,佯退败走,贼见,必来追我,我即伏兵取胜。"郝晸、杨再兴等人纷纷表示赞同。

第二天,张宪率军进攻,经过一番激战,张宪佯装败退,伪齐军队果然发起追击。当伪齐军队进入伏击圈之后,岳家军伏兵四起,将伪齐军队打得大败,擒获伪齐将领郭德、施富,缴获战马500余匹,俘虏敌军士兵千余人,魏汝弼收拢残军,仓皇逃往洛阳。

刘豫不甘心失败,又派马汝翼率军5万进犯方城县(今河南省南阳市方城县),岳飞派牛皋、王刚率军八千迎战。牛皋、王刚率军在方城东北20里处与伪齐军队遭遇,两军交战数回合,伪齐军队败退。牛皋率军一直追到了和尚寨,将马汝翼斩杀。此战,岳家军缴获战马300余匹,俘虏敌军士兵数万人。

绍兴六年(1136)冬,连战连胜之后,岳飞亲自率军北上,兵锋直指蔡州,沿途的伪齐军队根本没人敢抵挡,岳飞顺利到达蔡州城下。在充分了解了蔡州的防御情况之后,岳飞发现蔡州并不好打,这里城高池深,强行攻城必然伤亡不小。更重要的是,根据侦察得到的情报,这附近有一个巨大的埋伏圈。

当时,有一名伪齐士兵和岳家军中的一名士兵是亲戚。这名伪齐士兵一直对岳飞仰慕有加,他瞅准了机会逃出伪齐军营,向岳家军投诚。

据这名伪齐士兵报告,刘豫早已派出李成、李序、商元、孔彦舟等10员大将,每人率军1万人,埋伏在蔡州附近。刘豫准备在岳家军顿兵坚城之下、无力再战时,对岳家军发动围歼。

刘豫给每名士兵都发了一条绳索,规定"人持一绳,得南军,穿其手心,每十人作一串,鼓行东下,今即至矣"。为了激励众将奋勇作战,刘豫还赏赐每名将领住宅一座、美女10名。刘豫和他们约定,"尽

第四章 君臣嫌隙

擒之,直造鄂州"。

很明显,已经不能再攻打蔡州了,岳飞只好下令撤退。得知岳飞率军撤退,李成立刻率军追击,岳飞留王贵殿后。王贵率领骑兵对李成发动反击,将李成打得大败。

李成不肯善罢甘休,他重新集合队伍,继续追击岳家军,这次岳家军殿后的是将领董先。

董先让士兵埋伏起来,自己单骑在桥头等候李成的追兵。见到董先之后,李成举着绳索喊道:"汝勿走,我今先擒汝!"董先冷笑着说:"我定不走,只恐汝走耳!"看到董先如此淡定,李成认定这周围肯定有埋伏,他不敢大举过河进攻,就派小部队过河骚扰。每当一支伪齐部队过河,董先令旗一挥,丛林中就会突然出现一队岳家军迎战,战斗结束后又迅速回到丛林中。几番交手下来,李成没有占到便宜,但是又不愿意撤退,双方遂开始僵持。过了一段时间,岳飞亲自率军前来接应董先,李成这才率军撤退。对于伪齐这种狗皮膏药似的追击,岳飞忍无可忍,下令全军进攻,彻底把这些追兵打败。岳家军一直追出去几十里,最终在一个叫牛蹄的地方追上了伪齐军队,岳家军士兵喊杀震天,将伪齐军队打得大败。此战,岳家军俘虏敌军士兵数千人,战马3000匹,大获全胜。伪齐军队再也不敢追击,岳飞遂率军安全撤退到鄂州。

对于被俘虏的伪齐士兵,岳飞对他们说道:"汝皆中原百姓,国家赤子也,不幸为刘豫驱而至此。今释汝,见中原之民,悉告以朝廷恩德,俟大军前进恢复,各率豪杰来应官军!"随后岳飞下令给每个人发路费,让他们回家安心生活,不要再为伪齐卖命了。对于岳飞的德行,这些俘虏感激涕零,纷纷欢呼而去。

岳飞此次北伐,不管是规模还是战果,在岳飞的历次北伐中,都是最小的一次。之所以会如此，最主要的原因是没有人配合。此次北伐是岳飞自己见机行事，主动发起的，既没有宋高宗的诏令，也没有张浚的统一部署，自然得不到其他宋军的配合。正因如此，伪齐才得以集结大量兵力埋伏和围堵岳飞。

虽然这次北伐没有取得大的战果，但是岳家军士兵奋勇作战，伪齐没有占到丝毫便宜，反而损兵折将，充分显示了岳家军的超强战斗力，宋高宗对此非常满意。战后，宋高宗下诏，晋升王贵为棣州（今山东省滨州市惠民县）防御使，晋升牛皋为建州（今福建省建瓯市）观察使。

在嘉奖岳飞的诏书中，宋高宗称赞岳飞这次北伐"加兵宛、叶之间，夺险松柏之塞"，"至于牛蹄之役，尤嘉虎斗之强，积获齐山，俘累载道"。

回到鄂州之后，有一次，岳飞和幕僚黄纵讨论今后的战略规划。

黄纵说："当以取汝、颍为失计，而改图之。既取之，不可守而复失之，亦徒劳尔。"

岳飞问："安坐而不进，则中原何时可复？"

"取中原非奇兵不可。"

"何谓奇兵？"

黄纵说道："宣抚之兵，众之所可知可见者，皆正兵也。奇兵乃在河北。"

岳飞高兴地说道："此正吾之计也。相州之众，尽结之矣。关渡口之舟车与夫宿食之店，皆吾人也，往来无碍，宿食有所。至于彩帛之铺，亦我之人，一朝众起，则为旗帜也。今将大举，河北响应，一战而中原复矣！"

从这段岳飞和黄纵的对话中可以看出，两人一致认为，单纯靠正面进攻收复失地,难度是很大的。如果想以更快的速度、更小的代价来收复失地,最好的方式就是联络中原、河北等地的抗金武装,里应外合,这样必然可以一举克复中原。这一策略,成为岳飞此后的努力方向。

第三节 朝局倾轧

岳飞结束第三次北伐,正在厉兵秣马,准备来日再战的时候,南宋朝廷政局发生了巨大的变化。

当时朝中的宰相是张浚和赵鼎,张浚主战,赵鼎主和,两人的矛盾愈演愈烈。张浚主张宋高宗将"行在"设在建康,而赵鼎则主张设在临安。

对于是否主动进攻刘豫,张浚认为刘豫屡战屡败,应该乘胜进军河南,彻底消灭刘豫,并且请求罢免在战场上表现不佳的刘光世的职务。刘光世是赵鼎的亲信。

对此,赵鼎表示反对,他认为:"擒豫固易耳,然得河南,能保金人不内侵乎?光世累世为将,无故而罢之,恐人心不安。"

绍兴六年(1136)十二月,张浚取得了政治斗争的胜利,赵鼎请求辞去相位。宋高宗不可能让张浚一个人独揽朝政,那么由谁来接替赵鼎呢?

宋高宗选择了一个人,这个人将会成为岳飞的一生之敌。他就是秦桧。

秦桧,生于元祐六年(1091),字会之,江宁(今江苏省南京市)人。政和五年(1115),年仅25岁的秦桧就考中进士,步入官场,先后

第四章　君臣嫌隙

赵鼎辞官
选自《新刊按鉴演义全像大宋中兴岳王传》明刊本　（明）余应鳌/编

秦桧入见高宗
选自《新刊按鉴演义全像大宋中兴岳王传》明刊本　（明）余应鳌/编

担任太学学正、御史中丞等职务。

大家都知道,秦桧对金朝卑躬屈膝,是个无耻的投降派。其实,早年秦桧也曾是个坚定的主战派。当年金军包围开封,宋钦宗想要割地求和,秦桧坚决反对,主张继续抵抗。后来开封陷落,秦桧和宋徽宗、宋钦宗一起被金军俘虏,押解北上。

来到金朝之后,秦桧被分配到金朝大臣完颜昌手下效力。为了给自己求得一个好前程,秦桧对完颜昌奴颜婢膝,摇尾乞怜,极尽阿谀奉承之能事,终于得到了完颜昌的重视。

秦桧
选自清末《各样人物图册》(清)佚名/著

秦桧入见挞懒
选自《新刊按鉴演义全像大宋中兴岳王传》明刊本 （明）余应鳌/编

秦桧逃归宋朝
选自《新刊按鉴演义全像大宋中兴岳王传》明刊本 （明）余应鳌/编

建炎四年（1130）十月，秦桧携带家眷南返，来到临安。

秦桧是怎么逃离金朝的，在当时就争议巨大。秦桧说自己是杀掉了看守的金军士兵，这才偷偷逃回来的。对于这套说辞，很多人都提出疑问，他们认为："自燕至楚二千八百里，逾河越海，岂无讥诃之者，安得杀监而南？就令从军挞懒，金人纵之，必质妻属，安得与王氏偕？"

所以很多人认为，秦桧是完颜昌故意放回来的，目的就是希望秦桧推动宋高宗向金朝称臣，实现对金朝有利的和议。

虽然争议巨大，宋高宗依然选择对秦桧加以重用。秦桧南返之后不久，宋高宗任命他为礼部尚书。赵鼎辞去相位之后，宋高宗任命秦桧为枢密使，地位仅次于主战派的宰相张浚。

不过此时大部分人都没有把注意力放到秦桧身上，因为金朝传来消息——宋徽宗去世了。绍兴五年（1136）四月，被金朝封为昏德公的宋徽宗赵佶在金朝去世。绍兴七年（1137）九月，金朝将这个消息通告了南宋。虽然宋高宗对于"北上中原、迎回二圣"没什么兴趣，只想守着

高宗封秦桧为尚书
选自《新刊按鉴演义全像大宋中兴岳王传》明刊本　（明）余应鳌／编

第四章 君臣嫌隙

江南的一亩三分地，但是宋徽宗毕竟是他的父亲，父亲死在异国他乡，宋高宗没能尽一点人子之道，内心确实非常悲伤。

绍兴七年（1137）二月，岳飞奉诏入朝觐见宋高宗。宋高宗先是和岳飞畅谈了一番军国大事，随后若有所思地问岳飞是否有良马，岳飞回答道：

> 骥不称其力，称其德也。臣有二马，故常奇之。日噉刍豆至数斗，饮泉一斛，然非精洁，则宁饿死不受。介胄而驰，其初若不甚疾，比行百余里，始振鬣长鸣，奋迅示骏，自午至酉，犹可二百里。褫鞍甲而不息不汗，若无事然。此其为马，受大而不苟取，力裕而不求逞，致远之材也。值复襄阳，平杨么，不幸相继以死。今所乘者不然，日所受不过数升，而秣不择粟，饮不择泉。揽辔未安，踊跃疾驱，甫百里，力竭汗喘，殆欲毙然。此其为马，寡取易盈，好逞易穷，驽钝之材也。

岳飞入朝见帝
选自《新刊按鉴演义全像大宋中兴岳王传》明刊本 （明）余应鳌/编

通过这篇《良马对》，岳飞向宋高宗表达了自己愿意做一匹良马，北伐金朝，直捣黄龙的意思。他希望宋高宗不要在意去年北伐成果不佳，只要给自己足够多的军队和足够大的权力，一定能够取得北伐的成功。

此时的宋高宗真的动了北伐中原、为父亲报仇的决心，他听到岳飞的回答之后非常高兴。宋高宗立刻下诏，将岳飞升至荆湖北路、京西南路宣抚使兼营田大使，他对岳飞说道："中兴之事，朕一以委卿，除张俊、韩世忠不受节制外，其余并受卿节制。"

更重要的是，刘光世已经被张浚罢免，宋高宗答应将刘光世所部王德、郦琼等统领的兵马5万余人隶属于岳飞。

收到宋高宗的诏令，岳飞心情非常激动，立刻写成了一道《乞出师札子》，向宋高宗陈述自己的北伐规划。宋高宗对岳飞的规划很满意，亲赐御札嘉奖。

当宋高宗的决定传到朝堂上后，立刻引起了轩然大波，这遭到了张浚和秦桧的一致反对。秦桧反对很好理解，因为他是个铁杆投降派。他刚刚回到宋朝就提出了"如欲天下无事，南自南，北自北"的南北分治方略，反对任何形式的北伐行动。

那么，向来主战的张浚为什么会反对呢？

这主要是因为张浚虽然主战，但是他主张北伐必须由自己主导。张浚之所以要排挤赵鼎，罢免刘光世，就是为了将刘光世的军队据为己有，这样自己就有了足够的军队北伐，北伐成功了，张浚就是中兴第一功臣。张浚好不容易才罢免刘光世，怎么能容忍这支军队落到岳飞的手里，为他人作嫁呢？

张浚找到岳飞，他开门见山地对岳飞说道："王德之为将，淮西军之所服也。浚欲以为都统制，而命吕祉以都督府参谋领之，如何？"（我

第四章　君臣嫌隙

准备让吕祉统领刘光世留下的部队，你觉得如何？）

岳飞回答道："淮西一军多叛亡盗贼，变乱反掌间耳。王德与郦琼故等夷，素不相下，一旦揠之在上，则必争。吕尚书虽通才，然书生不习军旅，不足以服其众。飞谓必择诸大将之可任者付之，然后可定，不然，此曹未可测也。"（刘光世的部将王德、郦琼等人本来就互不服气，矛盾很大。吕祉不过是个书生，他怎么可能统领得了王德、郦琼呢？必须要有一员大将，才能压服刘光世的部众。）

张浚问道："张宣抚如何？"（你觉得张俊能胜任吗？）

岳飞回答："张宣抚宿将，飞之旧帅也。然其为人暴而寡谋，且郦琼之素所不服，或未能安反侧。"（张俊曾经是我的上级，他这个人"暴而寡谋"，郦琼等人向来不服他，张俊恐怕不行。）

张浚又问："然则杨沂中耳。"（看来只能让杨沂中去了。）

岳飞说道："沂中之视德等尔，岂能御此军哉。"（杨沂中和王德等人是一个水平，他怎么能行呢？）

张浚生气地说道："浚固知非太尉不可也！"（我就知道，你肯定觉得只有你自己能行！）

岳飞回怼道："都督以正问，飞不敢不尽其愚，然岂以得兵为计耶！"

两个人的会面不欢而散。

面对张浚和秦桧两位重臣的一致反对，本来北伐立场就不太坚定的宋高宗不得不收回成命，他给岳飞下诏："览奏备悉，俟卿出师有日，别降处分。淮西合军，颇有曲折。前所降王德等亲笔，须得朝廷指挥，许卿节制淮西之兵，方可给付，仍具知禀奏来。"收到诏令之后，岳飞非常愤怒，他上了一道乞罢军职的札子，不等皇帝批示，就离开建康，回到庐山母亲的墓旁守制了。

得知岳飞不辞而别，宋高宗也慌了，他屡次下诏让岳飞回到临安，但岳飞就是不去。宋高宗没办法，给岳飞的下属李若虚和王贵下令，要求他们劝说岳飞回临安，如果劝不成功，就将李若虚和王贵军法从事。

收到皇帝的命令，李若虚和王贵急忙来到庐山东林寺，在这里他们见到了岳飞。李若虚和王贵再次向岳飞陈述了皇帝的旨意，岳飞还是不肯回去。

看到岳飞态度这么坚决，李若虚生气地说道："是欲反耶？此非美事！若坚执不从，朝廷岂不疑宣抚（指岳飞）。且宣抚乃河北一农夫耳！受天子之委任，付以兵柄，宣抚谓可与朝廷相抗乎？宣抚若坚执不从，若虚等受刑而死，何负于宣抚？宣抚亦岂不愧若虚等受刑而死？"

听了李若虚的训斥，岳飞的火气才算小了一点，但是依然不愿意回去，6天之后，岳飞才动身返回临安。

因为一己之私，张浚让吕祉统率刘光世的旧部，最终铸成大错。吕祉妄自尊大，引起郦琼等将领的不满。后来，吕祉密奏朝廷，请求罢免郦琼的兵权，结果被郦琼知道了。绍兴七年（1137）八月，郦琼杀死吕祉，裹胁全军4万人渡过淮河投降伪齐，史称"淮西兵变"。

"淮西兵变"发生后，最大的责任人张浚被群起而攻之，他不得不引咎辞职，刚刚辞去相位不到1年的赵鼎再度回归。

郦琼率军投敌的行为非常恶劣，让南宋在淮西的防御门户洞开，但是金军并没有趁机南侵，因为此时金朝内部也有问题需要处理。

郦琼投降后，立刻劝说刘豫进攻南宋，刘豫向金朝请求援兵。由于刘豫之前与宋军作战屡战屡败，金朝已经对刘豫失去了最后一点信心，他们怕刘豫兵多难以控制，拒绝提供援军。为了削弱刘豫的实力，金朝指出郦琼投降恐怕有诈，命刘豫解散郦琼的军队。在这一切都完成之后，金朝正式决定废黜刘豫。绍兴七年（1137）十一月，金朝废刘豫为

第四章　君臣嫌隙

张浚上表辞官
选自《新刊按鉴演义全像大宋中兴岳王传》明刊本 （明）余应鳌/编

蜀王。刘豫得知金朝的决定后祈求金朝宽恕，完颜昌说："昔赵氏少帝出京，百姓然顶炼臂，号泣之声闻于远迩。今汝废，无一人怜汝者，何不自责也。"6年后，刘豫死去，时年71岁。

虽然"淮西兵变"没有引发灾难性后果，但是岳飞痛心不已，一方面朝廷失去了一支精兵，另一方面朝中赵鼎和秦桧两位主和派大臣当道，北伐的希望越来越渺茫了。

第四节 嫌隙倍增

关于宋高宗和岳飞之间关系变差的原因,大多数人认为是岳飞的建议立储事件,这件事发生在"淮西兵变"结束之后不久的绍兴七年(1137)十月左右。

为什么岳飞会建议立储呢?这要先从宋高宗的继承人问题说起。

在靖康之变前,宋高宗先后有1子5女,共6个孩子,但是唯一的儿子赵旉年仅3岁就夭折了,5个女儿在靖康之变后被金军俘虏北上。宋高宗当了皇帝之后,他一个子嗣都没生。没有子嗣不算什么,毕竟当时宋高宗才20岁出头,麻烦的是宋高宗发现自己失去了生育能力。

关于宋高宗失去生育能力的原因,流传最广的一个版本,是当年宋高宗在扬州被金军惊吓,导致不育。

宋高宗没有儿子,那么皇位的继承人怎么定呢?

按照惯例,他可以选择"兄终弟及",即让自己的弟弟继位,但是宋高宗的所有兄弟都被金军俘虏了,他没有兄弟可选。没有兄弟,宋高宗还可以选择一个血缘关系比较近的侄子或者表侄,但是他没有这样做。宋高宗最终选择用一种前无古人后无来者的方式选择继承人。

绍兴二年(1132),宋高宗由绍兴回到临安后,派管理宫廷宗族事务的赵令畤负责访求宗室子弟,从宋太祖赵匡胤子孙中比自己低一辈的

第四章　君臣嫌隙

"伯"字辈里挑选继承人。

当时"伯"字辈的宗室子弟共有 1000 余人，经过挑选后，赵令畤从 7～12 岁的幼童中挑选出 10 人。又经过一番审查，宋高宗选择了当时 6 岁的赵伯琮，将其留在宫中抚养。赵伯琮改名赵瑗，被封为建国公。

按说到了这个地步，皇位继承人非赵瑗莫属了，然而他在宫中待了将近 20 年，始终没有被立为太子。这是因为宋高宗一直在求医问药，希望自己能恢复生育能力，有自己的儿子。宋朝因此长期处于国无储君的状态。

绍兴七年（1137）九月、十月间，岳飞收到情报，金朝要在中原建立新的傀儡政权，并立原宋钦宗的太子赵谌为皇帝。作为前朝太子，赵谌称帝无疑具有极强的合法性，这将对宋高宗的法统构成巨大的挑战，此传言一出，宋朝上下人心惶惶。正是在这一背景下，岳飞向宋高宗上书，建议他早立太子，以安定人心，瓦解金朝的阴谋。

岳飞对属下将领薛弼说："这次进宫面圣，我要和皇帝提立储的事情，这是国之根本。"薛弼赶紧说："身为大将，似不应干预此事。"岳飞回答："臣子一体，不应该有此顾虑。"

随后，岳飞在觐见宋高宗时，"密奏请止建国公（即赵瑗）皇子之位"。宋高宗对岳飞拥立赵瑗的言论十分反感，训斥说："卿言虽忠，然握重兵于外，此事非卿所当预也。"碰了一鼻子灰的岳飞"脸若死灰，声落而退"。

第二天，宋高宗召见了宰相赵鼎，对赵鼎说起了此事。赵鼎找到了薛弼，对薛弼说："大将总兵在外，岂可干与朝廷大事，宁不避嫌？飞武人，不知为此，殆幕中村秀才教之。公归，语幕中毋令作此态，非保全功名终始之理。"

岳飞之所以冒天下之大不韪，也要让宋高宗立储，是因为他希望通过立太子，让这个国家有明确的继承人。这样一来，即使金朝以赵谌为皇帝建立新的政权，对宋朝的威胁也将大大降低。岳飞这么做完全是好意，而且是忠心耿耿、为国为民的好意。

但是宋高宗不这么认为。纵观历朝历代，皇位继承都是绝对的敏感问题，大臣一般避之唯恐不及，因为一旦言语不当，很容易得到一个"干涉皇家内部事务、结党营私"的罪名。

在宋高宗的眼中，岳飞建议立储，是为了讨好未来的新皇帝，这是妥妥的结党营私，岳飞绝对是一个图谋不轨、颇有野心的家伙！

宋高宗和岳飞之间的芥蒂就这么结下了。

绍兴八年（1138）二月，岳飞回到鄂州，在这里他厉兵秣马，不断向朝廷上书请求北伐中原。金朝废黜刘豫之后，暂时没有在中原建立稳固的统治，中原局势一片混乱，岳飞建议趁机北伐，朝廷始终置之不理。失望之下，岳飞致书枢密副使王庶，生气地说道："今岁若不举兵，当纳节请闲！"

就在此时，宋金对峙形势发生了重大变化，金朝竟然主动求和了。

金朝态度的变化，源于金朝内部政局的变动。

绍兴五年（1135），金太宗完颜晟驾崩，17岁的完颜亶登基为帝，是为金熙宗。金熙宗其人汉化程度极深，史载他"能赋诗染翰，雅歌儒服，分茶焚香，弈棋象戏"。

金熙宗非常瞧不起没文化的女真人，称他们为"无知夷狄"，因此很多女真人都不喜欢金熙宗，认为他"尽失女真故态矣"。

虽然金熙宗非常年轻，但非常有政治头脑。他继位之后不久，就罢免了金朝主战派领袖完颜宗翰的都元帅职务，完全削除了他的兵权。

绍兴七年（1137），金熙宗又杀完颜宗翰亲信、尚书左丞高庆裔等

第四章 君臣嫌隙

人,完颜宗翰愤郁而死。完颜宗翰死后,主张对宋议和的完颜昌等人把持朝政,热衷汉文化的金熙宗对于继续对宋战争兴趣不大,宋金议和就在这种情况下发生了。

当时金朝给宋朝开出的议和条件是金朝愿意将河南、陕西等原伪齐领土还给南宋,并放还高宗生母韦氏,归还已死的宋徽宗的梓宫。与之相对应,南宋方面必须承认金朝对河北、河东等地的占有,并向金朝称臣。如果抛弃家国情怀,平心而论,在南宋对金朝战争败多胜少的情况下,金朝开出的和谈条件已经算得上非常优厚了。

金朝的条件一送到,不管是宋高宗,还是赵鼎、秦桧,均表现出非常浓厚的兴趣。

绍兴八年(1138)八月,为了统一意见,宋高宗召韩世忠、张俊、岳飞三员大将来临安,征求他们对议和的看法。

张俊主张议和,韩世忠和岳飞表示反对。岳飞说道:"金人不可信,和好不可恃,相臣谋国不臧,恐贻后世讥。"韩世忠接连上书10余次,坚决反对与金人和谈。

在结束了与宋高宗的会面之后,岳飞专门上了一封奏折,反对议和:

> 不可与和,缘虏人羊犬之性,国事隙深,何日可忘!臣乞整兵复三京、陵寝,事毕,然后谋河朔,复取旧疆,臣之愿也。臣受陛下深恩厚禄,无一时敢忘。

虽然遭到了岳飞、韩世忠等人的反对,宋高宗依然坚持和金人议和。

十一月,金朝使者张通古携带金熙宗的诏书来到临安,同南宋"讲和"。在诏书中,金人不称南宋为"宋朝",而称"江南",不称通问,而称"诏谕",更要求宋高宗亲自面北跪在张通古面前,接受金朝皇帝的诏书,"奉表称臣"。

金朝此举,等于把南宋当作金朝的藩属国,这是极为屈辱的议和条款。

消息传开后,朝野上下舆论沸腾,但即便如此屈辱,宋高宗为了能够得到河南和陕西的土地,依然愿意接受金朝的条件。

作为皇帝,宋高宗向金朝使者跪拜未免有失颜面,于是作为宰相的秦桧代替宋高宗向金朝使者张通古跪拜,接受金熙宗的诏书,这才算结束了这一幕荒唐而又屈辱的闹剧。

绍兴九年（1139）正月,宋高宗宣布大赦天下,以庆贺"和议"的成功,并给文臣武将加官晋爵,以粉饰太平,平息汹涌的舆论。但是岳飞依然强烈反对屈辱的议和,他再次向宋高宗上表,请求北伐:

宋臣跪接金使
选自《新刊按鉴演义全像大宋中兴岳王传》明刊本　（明）余应鳌/编

> 夫虏情奸诈，臣于面对，已尝奏陈。窃惟今日之事，可危而不可安，可忧而不可贺，可以训兵饬士，谨备不虞，而不可以行赏论功，取笑夷狄。事关国政，不容不陈，初非立异于众人，实欲尽忠于王室。欲望速行追寝，示四夷以不可测之意。万一臣冒昧而受，将来虏寇叛盟，似伤朝廷之体。仍望以此贴黄，留中不出，保全臣节。臣不胜至情，伏乞睿照。

只可惜，岳飞所有的反对都如同石沉大海，遭到宋高宗的无视。

第五章　挺进中原

第一节 战端再起

宋高宗接受了金朝屈辱的议和条件,真的能换得长久的和平吗?真的就得到河南和陕西了吗?根本没有,这一切都是暂时的。

按照常理,在获得河南和陕西之后,宋高宗应该立刻派大军前去接管河南、陕西的防务,修筑城池,囤积粮草,巩固防御,防止金人反悔。他本应该立刻调集岳飞、韩世忠、张俊、吴玠4支大军北上,沿黄河一线设防。

但是宋高宗没这么做,以上4支主力部队他一支都没有调动,反而让兵部侍郎张焘带着文官和少量军队前去接管河南等地区,导致整个河南、陕西处于不设防状态。

为什么宋高宗要这么做呢?他给的理由是"不可移东南之财力,虚内以事外"。

宋高宗给的这个理由,是有合理性的。如果真的让4路大军集体北上,那么将发动10余万人,这么庞大的军队集体由江淮流域移防到黄河流域,军费开支必然极为浩大。因为多年战乱,河南、陕西的经济大受影响,且宋朝在这里的统治架构已经被摧毁殆尽,宋军很难就地获得补给。同时,战乱让江南经济凋敝,南宋政府的财政并不宽裕,实际上很难支撑大军北调的费用。

第五章 挺进中原

对于宋高宗的难处，岳飞心里很清楚，所以这次他并没有再请求宋高宗让他率领大军北伐，只是请求和张焘一起前往开封和洛阳，祭扫历代皇帝陵墓，借机深入前线，观察地理和敌情，为未来的战争做准备。

岳飞给宋高宗上表：

> 北虏自靖康以来，以和款我者十余年矣，不悟其奸，受祸至此。今复无事请和，此殆必有肘腋之虞，未能攻犯边境；又刘豫初废，藩篱空虚，故诡为此耳。名以地归我，然实寄之也！臣请量带轻骑，随二使祇谒陵寝，因以往观敌衅。

收到岳飞的奏表之后，宋高宗立刻下诏拒绝，他既担心岳飞擅自北伐，又担心此举会刺激金朝，引起新的战争，他实在是不想再打仗了。

岳飞致祭皇陵
选自《新刊按鉴演义全像大宋中兴岳王传》明刊本 （明）余应鳌/编

绍兴九年（1139）底，宋高宗亲笔书写了历史上曹操、诸葛亮、羊祜3人通过屯田足兵足食的故事，赐给岳飞，希望他能够在两湖地区屯田，将其打造为战略基地，以保住南方这半壁江山。

绍兴十年（1040）正月初一，岳飞给宋高宗上了一封回复的奏折：

魏太祖像
选自《三才图会·人物》
（明）王圻、王思义/撰辑

东汉末年，天灾频仍，黄巾之乱后，四方战火绵延，黎民百姓流离失所，人口锐减，广袤的土地变得满目疮痍，荒芜一片。在屯田制度实施之前，各地的诸侯均饱受粮食短缺之苦。

曹操曾在扬州招募了4000多名新兵，然而因为军粮匮乏，这些新兵竟发生了哗变。其后，曹操在东征陶谦途中，又因粮食供应不足，无奈之下只能中途撤军。与吕布争夺兖州时，双方也曾因粮食问题陷入僵局，最终只能各自罢兵，固守领地。当曹操前往洛阳迎接汉献帝时，军中的粮食已经耗尽，将士们几乎饿死，只能靠桑葚干充饥。

屯田这一制度并非曹操首创，早在战国时期，商鞅便提出了"耕战"策略，此后秦国成功兼并六国；汉武帝时期也通过屯田稳定了西域的局势。

当枣祗、韩浩等人向曹操提议屯田后，曹操颁布《屯田令》，开始大力推行屯田政策。当年，他便收获了"百万斛"的粮食，足以支撑2万人的军队1年的粮食需求。随后，曹操在他所占领的地区广泛推行屯田。依靠屯田，曹操的军队得以壮大，粮食充足，逐渐消灭了各地的割据势力，统一了北方。

第五章 挺进中原

诸葛亮像
选自《历代名人肖像册》（清）佚名/著

诸葛亮深知粮草对战争的重要性，提出"军以粮为本"。刘备夺汉中后，汉中人口大减，得地未得人。为长期占据汉中，诸葛亮命吕乂招募5000名士兵，于汉中屯田。六出祁山时，军粮供应紧迫，除从蜀中运粮外，诸葛亮亲自负责屯田与水利，设屯骑校尉管理屯田，任吕乂为汉中太守兼督农，负责军粮。季汉建兴十年（232），诸葛亮于黄沙休整士兵，鼓励农耕，利用战争间隙屯田。季汉建兴十二年（234），诸葛亮驻武功五丈原，与司马懿对峙，分兵屯田，以备长期驻扎。屯田士兵与渭滨居民共耕，百姓安居乐业。此屯田方式主要是为解决军粮供需问题，与魏、吴民屯不同。据记载，诸葛亮还曾开辟黄河屯，士兵战时出征，闲暇屯田。

军事屯田不仅解决了运粮难的问题，还减轻了农民的徭役负担，减少了军费开支，对支持长期战争起到了巨大的作用。

羊祜
《魏忠贤小说斥奸书》插图
（明）佚名/著

司马炎称帝后，立志灭吴，统一全国。泰始五年（269），他加强军事布置，调任羊祜为都督荆州诸军事。西晋与孙吴在荆州南北对峙，此地区为灭吴关键。羊祜到任后，发现荆州形势不稳、军粮不足，便着手开发荆州。他兴办教育，安抚百姓，与吴国人友好相处，禁止拆毁旧官署，并设计使吴国撤掉对襄阳威胁最大的石城驻军。羊祜将军队分半巡逻戍守和垦田，当年垦田800余顷，粮食积蓄从不足百日增至可用10年。这些措施迅速安定了荆州秩序，增强了军队的战斗力。

　　臣闻先正司马光有言："德胜才，谓之君子；才胜德，谓之小人。"论人者，能审于才德之分，则无失人矣。

　　曹操募百姓，屯田许下，所在积粟。诸葛亮分兵屯田，而百姓安堵。羊祜怀远近，得江、汉之心，亦以垦田获利。若三子者，知重本务农，使兵无艰食。其谋猷术略，皆不在人下，才有足称者。

　　然操酷虐变诈，揽申、商之法术，虽号超世之杰，岂正直中和者所为乎？许劭谓"清平之奸贼，乱世之英雄"，其德有贬云。亮，开诚心，布公道，邦域之内，畏而爱之。祜，增修德信，以怀柔初附，则德过于操远矣。观亮素志，欲龙骧虎视，包括四海，以兴汉室。天不假以年，遽有渭南之恨。祜

第五章 挺进中原

> 辅晋武，慨然有并吞之心，后平吴，身不及见。二子有意于功名，而志弗克伸，惜哉。
>
> 臣庸德薄才，诚不敢妄论古人。伏蒙陛下，亲洒宸翰，铺述二三子屯田足食之事，俯以赐臣。臣敢不策驽砺钝，仰副圣意万一？夫服田力穑，乃亦有秋，农夫职尔。用屯田以足兵食，诚不为难。臣不揆，愿迟之岁月，敢以奉诏，要使忠信以进德，不为君子之弃，则臣将勉其所不逮焉。若夫鞭挞四夷，尊强中国，扶宗社于再安，辅明天子以享万世无疆之休。臣窃有区区之志，不知得伸欤否也？

在奏折中，岳飞指出，当年诸葛亮之所以屯田，是为了北伐中原、复兴汉室，而羊祜之所以屯田，是为了辅佐晋武帝灭孙吴。他们屯田不是为了自保，而是为了进取。岳飞认为，当前屯田确实有必要，但这不应是为偏安之计，而应是为将来北伐、收复中原做物资储备。

岳飞的建议，毫不意外地依然被宋高宗无视。宋高宗好不容易才和金朝议和，怎么可能主动挑战金朝呢？

但是宋高宗的和平幻梦很快就破灭了，主动发起议和的是金人，主动撕毁和约的也是金人。

金人之所以出尔反尔，主动撕毁和约，是由于金朝内部的政治斗争。这场政治斗争要从金朝的皇位继承讲起。

金朝建立初期，皇位继承采取"兄终弟及"制，所以金太祖完颜阿骨打去世后，他的弟弟完颜晟继位，是为金太宗。金朝进入中原后，受中原"父死子继"的影响，金太宗想让自己的长子完颜宗磐继位，遭到诸宗室、大臣的反对。他们认为皇位应该回归完颜阿骨打的后代。完颜阿骨打的嫡长子完颜宗峻已经去世，金朝内部认为嫡长孙完颜亶应该是皇位继承人。

金太宗不得已，只得将皇位传给完颜亶，是为金熙宗。

眼看即将到手的皇位没有了，完颜宗磐内心愤恨难平。作为补偿，金熙宗即位后，完颜宗磐得以晋封为太师，居三师之首，兼尚书令，封宋国王。

完颜宗磐依然不满足，他在绍兴七年（1137）兴起大狱，击败政敌完颜宗翰，与完颜宗隽、完颜昌等人一起把持朝政。这三个人都是对宋主和派，这才有了宋金议和。

绍兴九年（1139），完颜宗磐的势力越来越大，金熙宗想夺回大权。六月，金朝发生谋反案，涉及完颜宗磐一党，金熙宗召完颜宗磐和完颜宗隽入朝，将两人诛杀。事后不久，完颜昌也被诛杀。

金熙宗起用对宋主战派完颜宗弼，加封他为太保，兼领燕京行台尚书省。完颜宗弼掌权后，立刻向金熙宗建议，出兵夺回交还南宋的河南、陕西之地。

绍兴十年（1140）五月，金熙宗下诏，正式对南宋开战，金军兵分四路南下，完颜宗弼亲自率领金军主力攻入开封。南宋在河南、陕西等地根本没有像样的军队。金军南下的时候，各地的南宋官员或望风而逃，或就地投降，基本没有人认真组织抵抗。一月之间，金军就攻取了河南、陕西大部分地区。

完颜宗弼企图趁势占领淮河以北地区，于是他挥军南下，兵锋直抵顺昌（今安徽省阜阳市），在这里，完颜宗弼遇到了硬茬子。

守卫顺昌的南宋将领名叫刘锜，他麾下的部队就是赫赫有名的八字军。绍兴五年（1135），王彦拒绝出任岳飞的下属后，被任命为荆南知府。绍兴七年（1137）二月，王彦被解除军职，八字军转归刘锜统领。刘锜其人"美仪状，善射，声如洪钟"，他早年在与西夏的战场上屡立

第五章　挺进中原

兀术大攻顺昌
选自《新刊按鉴演义全像大宋中兴岳王传》明刊本　（明）余应鳌/编

战功，是当时有名的青年将领。刘锜统领八字军后，对八字军重新编组、严格训练，八字军始终维持着较强的战斗力。

绍兴十年（1140），刘锜被任命为东京副留守，率领八字军自临安向东京开封进发。五月，刘锜率军还没到顺昌，就听闻金军大举南下，他急忙赶到顺昌据守。

当时众将对于挡住金军并没有信心，很多人建议刘锜向江南撤退："金兵不可敌也，请以精锐为殿，步骑遮老小顺流还江南。"

这个建议被刘锜断然拒绝，他说道："今东京虽失，幸全军至此，有城可守，奈何弃之？吾意已决，敢言去者斩！"

为了坚定将士们守城的决心，刘锜派人凿沉了颍河上的所有船只，以表示"破釜沉舟"，不留退路。刘锜将自己和部将们的家属安置在寺庙中，四周堆放柴草，他对士兵们说："脱有不利，即焚吾家，毋辱敌手也。"

拐子马
选自《会纂宋岳鄂武穆王精忠录》朝鲜刊本 （明）姚茂良/著

金兵败回
选自《新刊按鉴演义全像大宋中兴岳王传》明刊本 （明）余应鳌/编

第五章　挺进中原

在刘锜的感召下,顺昌"军士皆奋,男子备战守,妇人砺刀剑",将士们争相说道:"今日当为国家破贼立功!"

不久,金军葛王完颜褒、龙虎大王完颜突合速率军3万进抵顺昌城下,开始攻城。刘锜率军拼死抵抗,不断派兵出城偷袭,把金军打得狼狈不堪,伤亡数千人,损失惨重。

完颜宗弼得知顺昌失利,立即亲自率领10万大军增援,并派出了金军最精锐的骑兵"铁浮图"和"拐子马"。

刘锜毫不畏惧,他组织了一支队伍,人人手持斧子和长枪,敌人骑兵进攻的时候,先用斧子砍骑兵的马腿,等骑兵倒地后,再用长枪刺杀,把金军打得大败。

在顺昌城下连连受挫后,完颜宗弼不得不率军撤离顺昌。

兀术兵败
选自《新刊按鉴演义全像大宋中兴岳王传》明刊本　(明)余应鳌/编

第二节 长驱伊洛

得知金军猛攻顺昌,宋高宗急命岳家军火速支援顺昌城,并表示允许岳飞举兵北伐,收复失地。

此时岳飞已经在鄂州厉兵秣马3年之久,日夜盼望能够率军北伐。在接到宋高宗的诏令之后,岳家军将士欣喜若狂。岳飞立刻派张宪、姚政率军东进,援救顺昌城,自己则亲率岳家军主力北伐中原。

为了激励岳飞奋勇作战,宋高宗加封他为少保,河南府路、陕西、河东北路招讨使。

就在岳飞部署北伐事宜的时候,前线形势不断发生对宋军有利的变化。

金军右副元帅完颜撒离喝统率西路军,从同州(治所在今陕西省渭南市大荔县)攻打陕西。此时南宋西线大将吴玠已经去世,统率西路宋军的是吴玠的弟弟吴璘,吴璘率领宋军在百通坊(今陕西省宝鸡市扶风县西南)大败金军,金军再也无法前进。岳家军还没到顺昌,顺昌前线就传来消息,刘锜已经率军将金军击退。

看到东西两线金军全部被击退,局势转危为安,宋高宗惊慌的心情逐渐平复下来,他开始后悔允许岳飞率军北伐,于是命时任司农少卿李若虚向岳飞传达诏命,要求岳飞"兵不可轻动,宜班师"。

第五章　挺进中原

岳飞接诏
选自《新刊按鉴演义全像大宋中兴岳王传》明刊本　（明）余应鳌/编

刘锜砍金将落马下
选自《新刊按鉴演义全像大宋中兴岳王传》明刊本　（明）余应鳌/编

六月下旬，当李若虚来到鄂州的时候，岳飞已经率军离开鄂州，踏上了北伐的征途。李若虚急忙向北追赶，最终在德安府（治所在今湖北省安陆市）追上了岳飞，并向岳飞传达了宋高宗要求班师的诏令。

岳飞认为北伐计划已经搁置了多年，此时金军东西两路进攻全部受挫，人困马乏、士气低落，正是北伐的天赐良机，皇帝怎么能够出尔反尔呢？"将在外，君命有所不受"，岳飞断然拒绝班师。

看到岳飞态度如此决绝，李若虚受到了岳飞的感染，其实他内心也赞同北伐，出于家国大义，他决定支持岳飞。李若虚对岳飞说："面得上旨，不可轻动，既已进发，若见不可进，则当以诏还。矫诏之罪，若虚当任之！"

由此，岳飞开启了自己人生中第四次也是最后一次北伐。出发之前，岳家军的士兵"各语其家人，期以河北平，乃相见"。

在接到顺昌转危为安的消息后，张宪、姚政率军转向西北，兵锋直指上次北伐时岳家军没有攻克的蔡州。

岳家军击败金朝蔡州守军，顺利攻克蔡州。牛皋率军在京西路打败金军，随后攻克鲁山县（今河南省平顶山市鲁山县）。孙显在蔡州和淮宁府之间打败金兵。岳家军三战三捷，进展非常顺利。

六月十九日，张宪率军在离颍昌府（治所在今河南省许昌市）40里的地方，与金军韩常部遭遇。张宪主动出击，将金军打得大败，韩常率军仓皇逃窜，张宪乘胜追击，顺利收复颍昌府城。牛皋、徐庆随后和张宪会师，张宪率军向陈州（今河南省周口市淮阳区）进攻。

六月二十四日，在距离陈州15里的地方，岳家军与金军骑兵3000余人遭遇，张宪毫不畏惧，下令全军冲杀，金军力不能敌，向陈州方向逃窜。张宪立刻下令分路追击，在距离陈州数里的地方，遇到金军的堵截。金军的统帅是一名姓翟的将军，他率领陈州守军和从东京开

第五章 挺进中原

复蔡州
选自《会纂宋岳鄂武穆王精忠录》朝鲜刊本 （明）姚茂良/著

封赶来的援军摆开阵势，迎战岳家军。

张宪下令擂响战鼓，全军鼓噪而进，分路冲击金军军阵，最终粉碎了金军的抵抗，金军狼狈逃窜，岳家军乘胜占领陈州。

此战，岳家军擒获金军将领王太保，缴获大量战马和武器装备，大获全胜。

六月二十五日，金军镇国大王、韩常、邪也孛堇率领骑兵6000余人由长葛（今河南省长葛市）出发，向岳家军发动反击。董先、姚政闻信后立刻率军前去迎战，他们在长葛城北的七里店与金军遭遇。当时金军已经摆好了阵势，董先、姚政毫不畏惧，率军直接冲击金军的军阵，仅仅用了1个时辰就大败金军，一直追杀了30多里才返回。

在张宪、姚政率领的这一路岳家军迅速前进同时，王贵、郝晸率领的另两路岳家军也不断取得胜利。

六月二十五日,王贵的部将杨成率军抵达郑州以南,金军万夫长漫独化率军5000余人前来迎战。杨成率军奋战,将敌军击败,攻克郑州。二十九日,王贵又派将领刘政率军趁夜偷袭漫独化的大营,金军猝不及防,被打得一败涂地,岳家军杀敌无数,缴获战马300多匹,以及大量辎重物资。

岳飞派郝晸等人率军直指西京洛阳,郝晸所部在离洛阳60里的地方安营扎寨。七月一日,金军将领李成派出骑兵数千人向岳家军发动进攻,郝晸命令张应、韩清率领岳家军骑兵迎战。岳家军对金军迎头痛击,将其击败,金军狼狈逃窜,郝晸立刻下令全军追击。黄昏时分,岳家军追击至洛阳城下,此时守城的李成根本没有胆量和岳家军对垒,唯恐被围在洛阳城内,成为瓮中之鳖,急忙率军弃城逃窜。

七月二日,岳家军收复战略要地西京洛阳,取得重大胜利。

在仅仅半个月的时间里,岳家军取得了辉煌的胜利,先后收复了蔡

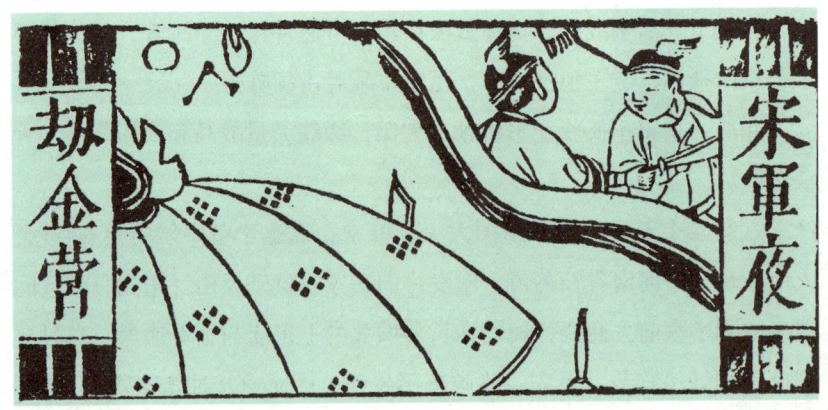

宋军夜劫金营
选自《新刊按鉴演义全像大宋中兴岳王传》明刊本 (明)余应鳌/编

第五章 挺进中原

州、陈州、郑州、洛阳等中原重镇,除了东京开封之外,整个河南地区几乎全部被岳家军收复。

岳家军所取得的胜利,充分证明了岳飞的判断是准确的。金军西路军被吴璘困于陕西,动弹不得,东路军被刘锜在顺昌城下打得大败。两路金军主力连连受挫,分别被困于东西两个方向,那么中路的河南地区必然兵力空虚,只要岳家军如同利剑一样直插东京开封,必然可以给金军致命一击。

事实也确实如此,金军在河南地区的防御相当空虚,每次迎战岳家军,其兵力均不过数千人,根本没法对岳家军构成有力威胁。

岳飞第一次北伐收复襄汉六郡,第二次北伐收复商州、虢州,第三次北伐未能收复州城,第四次北伐取得的战果比前三次北伐战果的总和还要多。更重要的是,岳家军在战斗过程中受到了良好的锻炼。

在此次北伐收复河南的过程中,岳家军屡次在平原野战中战胜金军骑兵部队,有几次在敌军已经布阵完毕、以逸待劳的情况下,岳家军依然能够取得胜利,这种胜利意义是非常重大的。

此前金军之所以在宋金战争中连战连捷,最大的倚仗就是他们强大的骑兵部队。现在这一法宝失灵了,岳家军证明宋军完全有能力击败金军的骑兵部队,对手没什么好怕的,士气大振。

为了更好地打击金军,岳飞此前就已经派出李宝、孙彦、梁兴、董荣、孟邦杰等人前往北方,在太行山区和河北、河东等路组织抗金义军,反抗金朝。岳家军开始第四次北伐后,他们纷纷在后方袭击金军,配合岳家军作战。

李宝、孙彦率义军在兴仁府(今山东省菏泽市曹县)一带活动,他们得知金军4名千夫长率军4000余人驻扎在宛亭县(今山东省菏泽市牡丹区)一带,决定对其发动袭击。

一天深夜，趁着金军陷入酣睡、毫无戒备，李宝、孙彦率军偷偷潜入金军大营，对金军发动偷袭，数百名金军士兵在睡梦中被砍杀。其他金军士兵醒来之后不辨敌我，迅速陷入混乱之中，或者被义军斩杀，或者在逃亡的时候跳入黄河之中淹死。此战金军4名千夫长全部被义军杀死，义军缴获战马千余匹。

梁兴、董荣率领的义军于七月二日到达绛州垣曲（今山西省运城市垣曲县），他们劝说这里的金军守将投诚，遭到拒绝。于是，梁兴、董荣下令攻城，击败守军，活捉金军千夫长刘来孙，缴获战马100余匹。

七月四日，梁兴、董荣率军向东，进攻孟州王屋（今河南省济源市王屋镇），守城金军官兵不敢抵抗，弃城而逃。

七月六日，梁兴、董荣率军乘胜进攻济源（今河南省济源市），金军将领高太尉率军5000余人对义军发动进攻。面对这一强敌，梁兴、董荣毫不畏惧，率领义军与其正面对决，两军血战半日，义军最终将金军击败，追杀敌军10余里。金军尸横遍野，义军缴获大量辎重物资。激战之后，梁兴、董荣正在率军休整，前方突然传来消息，高太尉纠集了怀州、孟州、卫州等地的金军1万余人再度扑来。梁兴、董荣不顾疲惫，再度率军和金军展开大战，义军士兵奋不顾身，不惧生死，又将金军击败，歼敌数千人。

连续取得大胜之后，梁兴派人向岳飞报捷，他在捷报中写道："河北忠义四十余万，皆以岳字号旗帜，愿公早渡河！"

因为政治、文化的落后，金朝原本就没有在中原地区建立稳固的统治架构，仅仅是依靠军队的武力威慑来维持统治。在岳家军和北方义军的不断打击下，金朝在河南甚至是河北的统治基本崩盘，史载"河北诸郡无一人从者"，"燕京以南，（金朝）号令不复行"。

第五章　挺进中原

第三节　郾城大捷

岳家军在河南摧枯拉朽，不断攻城略地，北方义军在河北地区蜂拥而起，将金朝的统治体系打得稀巴烂，看起来形势一片好。

按说岳飞此时应该乘胜而进，直取东京开封，恢复河山，但是岳飞并没有这么做，因为他觉得此时的形势其实不容乐观。

随着岳家军在河南不断攻城略地，必然要留下越来越多的部队守卫这些城池，这样岳家军能够用于机动作战的兵力就越来越少。在半个多月的河南作战中，岳家军虽然连战连捷，但是最大的战果也不过是消灭金军数千人，这些是金军的二线部队，并没有对金军的有生力量造成毁灭性打击。金军战斗力最强的机动兵团，是此前在顺昌城下落败的完颜宗弼率领的军队，人数多达10余万，是金军最精锐的部队。如果这支部队掉头向西直奔开封，必然会对岳家军构成巨大威胁。

如何才能消灭完颜宗弼呢？岳飞深感单凭岳家军的力量是很难做到的，必须有其他宋军的配合，尤其是韩世忠、张俊、刘锜3支军队。如果这3支宋军能够共同北上，与岳家军分路夹击，必然可以击败完颜宗弼。

于是岳飞下令暂缓进攻，将兵力逐渐收拢于郾城（今河南省漯河市郾城区）至颍昌一线，上奏宋高宗请求支援：

臣契勘金贼近累败衄。其虏首四太子等皆令老小渡河。唯是贼众尚徘徊于京城南壁一带，近却发八千人过河北。此正是陛下中兴之时，乃金贼必亡之日，若不乘势殄灭，恐贻后患。伏望速降指挥，令诸路之兵，火急并进，庶几早见成功。

然而，事情的走向让岳飞越来越失望。宋高宗依然甘愿偏安一隅，不愿意大举北伐，拒绝向其他宋军下达出征的诏书，其他各路宋军也没有给予岳飞有力的配合。

韩世忠率军包围了被金军占领的淮阳，在泇口镇（今江苏省邳州市邳城镇泇口村）击败了来援的金军，随后攻克淮阳。顺昌之战结束后，刘锜派部将雷仲出兵牵制金军，进抵太康县（今河南省周口市太康县）。张俊发兵北上，先后攻克宿州（今安徽省宿州市）和亳州（今安徽省亳州市）。三路宋军都取得了一定的进展，但是此后都不愿意再继续前进了。

完颜宗弼也非常担心会遭到多路宋军的合围，在听闻岳飞率军大举北上之后，并没有立刻率军回援。即使是岳家军先后攻克了郑州、洛阳等战略重镇，完颜宗弼依然按兵不动，始终驻扎在顺昌附近，因为刘锜、张俊、韩世忠如果联军北上，必然会由顺昌方向而来，这才是对完颜宗弼最大的威胁。

在顺昌一带等待了1个月之后，完颜宗弼确认刘锜、张俊、韩世忠不会率军北上，终于挥军西进，集中全力对付岳飞。

完颜宗弼得知岳家军主力驻扎在郾城，率领精锐骑兵15000人直扑郾城，企图一举消灭岳家军的指挥中枢。这支骑兵部队虽然人数不是很多，却是金军最精锐的部队，包括赫赫有名的"铁浮图"和"拐子马"。

第五章 挺进中原

战郾城
选自《会纂宋岳鄂武穆王精忠录》朝鲜刊本 （明）姚茂良/著

"铁浮图"是金朝的重装骑兵,这种骑兵不管是士兵还是战马,都身披重甲,远看像是一个个移动的小铁塔。在宋金时,"铁浮图"具有极强的冲击力和破坏力,在金朝对外征伐的过程中立下过汗马功劳。

相比于重装骑兵铁浮图,"拐子马"是轻装骑兵。在战斗中,"拐子马"通常被布置在两翼,充分利用其高度的机动性对敌军迂回包抄,而后突击。

战斗中,铁浮图和拐子马相互配合,铁浮图进行正面冲击,拐子马进行两翼迂回,两军配合,几乎无往而不胜。

对于金军的铁浮图和拐子马,岳飞丝毫不怵,因为他麾下有一支精锐骑兵部队——背嵬军。嵬,指的是山高大的样子,背嵬军即能够背负高山的勇士,意指士兵坚韧不拔、力大无穷。

南宋建立以后,凭借南方密布的水网及金军不善水战的特性,勉强抵挡住了金军的攻势。但是南方不盛产良马,所以南宋军队中骑兵一直很弱,长期以来只能依靠步兵与金军战斗。

后来,岳家军在攻打依附金朝的伪齐军时,缴获了15000余匹战马,这成为组建背嵬军骑兵部队的基础。岳飞将最精锐的士兵全部挑选出来组成背嵬军,这支部队成了岳家军中最精锐的部队。

岳飞之所以不畏惧金军精锐,除了对自己的部队有着充分的信心,还有一个很重要的原因,就是在顺昌之战中,刘锜率领的八字军已经亲自示范了如何击败金军的铁浮图和拐子马。刘锜仅凭步兵就可以击败金军,现在岳飞麾下还有一支精锐骑兵部队,就更加不必畏惧金军了。

七月八日,完颜宗弼与龙虎大王完颜突合速、盖天大王完颜赛里(完颜宗贤)等,率领金军到达郾城以北,开始与岳家军对阵。

完颜宗弼以"铁浮图"为主力,左右翼辅以"拐子马",对岳家军发动进攻。虽然这两支部队在两个月前的顺昌之战中刚刚遭遇败绩,完

宋金兵马交战
选自《新刊按鉴演义全像大宋中兴岳王传》明刊本 （明）余应鳌/编

颜宗弼依然选择派他们出战，因为这是他手里能拿出来的最大王牌。

随着完颜宗弼一声令下，金军骑兵发动了第一波进攻，这些精锐骑兵衣甲鲜明、装备精良，气势汹汹地向岳家军冲来。

岳飞命令岳云率领背嵬军和游奕军迎战，他对岳云说："必胜而后返，如不用命，吾先斩汝！"

岳云领命之后，策马冲锋在前，率军直冲金军军阵。两军皆是精锐部队，展开了一场空前惨烈的厮杀，双方激战数十会合，最终岳云率军成功击败金军，缴获战马数百匹。

看到岳云率军成功击败金军，岳家军另一员悍将杨再兴单骑直冲金军军阵，想要亲手擒获完颜宗弼。金军军阵严密，杨再兴未能接近，他身中数十创，几乎遍体鳞伤，但是亲手斩杀金军百余人，随后从容返回。杨再兴的壮勇之举，令岳家军军心大振，金军士兵则被吓得心惊胆战。

看到仗打成这个样子，完颜宗弼恼怒至极，他决定出动全部铁浮图

杨再兴与金将交战
选自《新刊按鉴演义全像大宋中兴岳王传》明刊本 （明）余应鳌/编

和拐子马,对岳家军发动空前规模的进攻。

完颜宗弼将铁浮图的战马每3匹为1组,用铁链连接起来,这样铁浮图在进攻的时候如同一面墙一样,军阵严整,气势排山倒海。与此同时,拐子马则在铁浮图两侧进行迂回侧击。在以往的战斗中,铁浮图和拐子马曾经多次凭借这一战术击败宋军。

看到金军强大的攻势,岳家军诸将不禁有些惧怕,岳飞却笑着说道:"易尔!"岳飞并没有再次派出骑兵迎战,而是派出了早已以逸待劳、等候多时的岳家军步兵部队。他命令士兵一手拿盾牌,另一手拿麻扎刀、提刀、大斧等短兵器,战斗开始后所有士兵都不许抬头,除了举着盾牌防御金军骑兵的砍杀外,要专心砍金军骑兵的马腿。

战斗开始之后,不久局势就进入白热化,战场上黄沙蔽天,喊杀声震天动地。

岳飞见状,亲率四十骑突进到阵前,部下霍坚急忙上前劝阻道:"相公为国重臣,安危所系,奈何轻敌!"

岳飞回答:"非尔所知!"接着,他跃马驰突于敌阵之前,左右开弓,箭无虚发,岳家军将士看到统帅亲自出马,士气增倍。

岳家军士兵严格执行了岳飞的战术,在战斗中,金军骑兵只要有一匹马被砍断马腿倒地,另外两匹马就无法再前进,甚至被拖拽倒地,随后,岳家军士兵就一拥而上,将金军士兵斩杀。战斗开始不久,金军引以为傲的铁浮图和拐子马就陷入混乱之中。岳家军将士"或角其前,或掎其侧",与金军"手拽厮劈",自下午申时杀到天黑,金兵尸横遍野,终于溃败逃走。

看到如此结局,完颜宗弼痛苦地感叹道:"自海上起兵,皆以此胜,今已矣!"

岳家军步兵击败金军精锐骑兵的战术,按理说并不复杂,似乎每支部队都可以效仿。为什么岳家军可以取得成功,其他的宋军部队绝大部分却做不到呢?

其实,这套战术想要成功实施,需要的并不是先进的武器装备,也不是复杂的战术动作,需要的是两种更加重要的东西——高度的组织性和纪律性。

冷兵器时代,步兵想要在骑兵冲锋中生存,唯一的方式就是结成方阵自保,但是即便结成方阵,骑兵冲垮步兵方阵的战例依然屡见不鲜,所以骑兵才会被称为是步兵的克星。

岳家军不但能够在金军的进攻中自保,还能够结成严密的阵型对金军发动反击,最终以步兵战胜骑兵,这是由于他们有极强的组织性和勇气。这是多么难得的事情!

郾城之战的辉煌胜利,让宋高宗也不得不下诏褒奖:

自羯胡入寇,今十五年。我师临阵,何啻百战。曾未闻远以孤军,当兹巨孽,抗犬羊并集之众,于平原旷野之中,如今日之用命者也。盖卿忠义贯于神明,威惠孚于士卒,暨尔在行之旅,咸怀克敌之心,陷阵摧坚,计不反顾,鏖斗屡合,丑类败奔。念兹锋镝之交,重有伤夷之苦,俾尔至此,时予之辜。惟虏势之已穷,而吾军之方振,尚效功名之志,亟闻殄灭之期。载想忠勤,弥深嘉叹。

第五章 挺进中原

第四节 直捣黄龙

七月十日,不甘心失败的完颜宗弼再次派兵进犯郾城,岳飞派遣将领王刚率领背嵬军骑兵50余人前去侦查。

此时在郾城以北的五里店附近,金军先锋1000余人已经排成了一字长蛇阵。王刚看到金军军阵内有一名穿着紫袍的将领,认为这肯定是金军主将,于是率军直冲金军军阵。虽然王刚麾下只有50余人,但是这些背嵬军士兵以一当十、拼死冲杀,把金军军阵搅得一片大乱,王刚趁机砍下了这名紫袍将领的头颅,随后率军撤退。

在撤退之前,王刚看到这名紫袍将领的战马上有两块红漆牌子,就顺手带走了,回去之后交给岳飞,岳飞这才知道被斩杀的金军将领名叫"阿李朵孛堇"。

趁着敌军主将被杀、一片大乱之际,岳飞命令全军进攻,顺利将敌军击败,追杀20余里。

见郾城久攻不下,完颜宗弼决定换一个进攻目标。当时岳飞率军驻扎在郾城,王贵率军驻扎在颍昌,完颜宗弼决定率军进攻郾城和颍昌之间的临颍(今河南省漯河市临颍县),以切断岳飞和王贵两军之间的联系。

岳飞也意识到临颍是一个防守漏洞,于是命令张宪率军向临颍进军。

七月十三日，完颜宗弼率领12万大军进占临颍。此时杨再兴正率300名骑兵外出巡逻，在临颍县南的小商桥突然遭遇完颜宗弼的大军。两军数量差距过于悬殊，按理说杨再兴应该率军撤退，但是他毫不畏惧，毅然率军与金军展开激战。

此战的结果自然是毫无悬念，杨再兴和300名岳家军士兵全部牺牲，但是金军也付出了巨大的代价，阵亡2000余人，其中包括100多名军官，岳家军的战斗力再次让金军为之胆寒。

第二天，张宪率领主力部队赶到临颍，随后对金军发起全面反击，将金军打得节节败退，追杀敌军30余里，收复临颍。

张宪命人找到了杨再兴的尸体，在将尸体火化之后，从骨灰中找到的箭镞就多达两升，足见当日战斗的惨烈和杨再兴等人的英勇。

临颍之战失败后，完颜宗弼转而进攻颍昌。七月十四日，完颜宗弼率10万步兵和3万骑兵攻打颍昌，岳飞派岳云率军支援守卫颍昌的王贵。

杨再兴被金兵射死
选自《新刊按鉴演义全像大宋中兴岳王传》明刊本 （明）余应鳌/编

金军在舞阳桥以南摆开阵势,军阵长达10余里,战鼓声响彻天地,震动得颍昌城仿佛都在颤抖。

面对金军的攻势,王贵秉持着岳家军一贯的风格,不愿意打守城战,反而主动出击,出城决战。王贵命令踏白军统制董先、选锋军副统制胡清守城,岳云率领800名背嵬军士兵为先锋,王贵本人率领中军、游奕军和背嵬军其他人马为后援,岳家军步兵为左右翼跟进,防止金军骑兵迂回。

战斗开始后,岳云一马当先,率领八百勇士出击。岳云锐不可当,前后10多次冲入敌阵,身受多处创伤,依然坚持作战。王贵率军紧随其后,也投入战斗。

颍昌之战的惨烈程度丝毫不亚于郾城之战,岳家军士兵从清晨一

遣岳云援王贵
选自《会纂宋岳鄂武穆王精忠录》朝鲜刊本 (明)姚茂良/著

直激战至中午，杀得"人为血人，马为血马"，但是"无一人肯回顾"。到了中午，负责守城的董先和胡清分别率领踏白军和选锋军投入战场，两支生力军的到来成了压垮金军的最后一根稻草，金军最终被击败。

颍昌之战战果极为辉煌，岳家军杀敌5000余人，俘虏2000余人，缴获战马3000余匹，其他辎重物资不计其数。金军阵亡万夫长1人，千夫长5人，其中包括完颜宗弼的女婿，此外还有78名军官被岳家军俘虏。

郾城之战、临颍之战、颍昌之战，这3场大战是岳家军和金军最精锐部队之间硬碰硬的较量，战斗过程中没有波谲云诡的计策、没有出神入化的指挥，只有血与火的对决，只有最原始的厮杀。岳家军凭借着高昂的士气、严密的组织和超强的战斗力，取得了对金军的完胜。

完颜宗弼率军退还开封，接连的失利使他哀叹："自我起北方以来，未有如今日之挫衄！"

随着金军的接连失利，为金朝效力的汉人军官开始心怀异志。金军将领龙湖大王麾下有一名汉人千夫长，名叫高勇，他秘密接受了岳飞的招降，率领部众主动向岳飞投诚。还有一名金军汉人军官韩常，在颍昌吃了败仗，导致完颜宗弼的女婿阵亡。韩常率军驻扎在长葛，不敢回去向完颜宗弼复命，于是秘密派遣使者向岳飞请求投诚。

大河南北捷报频传，战场形势一片好，岳飞深受鼓舞，他对部属说："今次杀金人，直至黄龙府（今吉林省长春市农安县），当与诸君痛饮！"

接下来，岳家军的目标只有一个——收复东京开封。

经过3天的休整，岳家军开始向开封进军。张宪、徐庆、李山等人率军从临颍向开封进发，他们在临颍东北遇到了前来拦截的金军骑兵5000余人。张宪没有采取任何花哨的战术，直截了当地率军向金军发动冲锋,很快就攻破了金军的军阵,将金军击败,一直追杀15里,才鸣金收兵。

此战,岳家军"杀死贼兵横尸满野,夺到器甲等无数",缴获战马100余匹。与此同时,王贵和牛皋也分别率军向开封进军。

此时完颜宗弼在河南仅剩下开封一座孤城,但是他不愿意放弃,以10万大军驻扎于开封西南45里的朱仙镇,在这里负隅顽抗。

岳飞率军北上,在距离朱仙镇45里的尉氏(今河南省开封市尉氏县)安营扎寨。岳家军前哨的500名背嵬军铁骑抵达朱仙镇,双方第一次交锋,金军即全军溃逃。

岳飞此次北伐,战果极为辉煌,北伐过程中有两个非常鲜明的特点:

第一,岳家军诸将的主观能动性得到了充分的发挥。纵观此次北伐,除了郾城之战岳飞曾经亲临战阵之外,其他战斗岳飞本人基本没有直接参与。

岳飞屯寨于朱仙镇
选自《新刊按鉴演义全像大宋中兴岳王传》明刊本 (明)余应鳌/编

战朱仙镇
选自《会纂宋岳鄂武穆王精忠录》朝鲜刊本 （明）姚茂良／著

    岳飞总是让王贵、牛皋、张宪等岳家军将领各领一军、独当一面，对他们给予充分的信任。王贵、牛皋、张宪等人也没有让岳飞失望，他们每个人在此次北伐过程中都有亮眼的表现，都可以独自率军击败金军。尤其是临颍之战和颍昌之战，张宪和王贵表现优异、指挥得当，证明他们是当之无愧的当时名将。

    岳家军诸将之所以表现优异，最主要的原因自然是岳飞慧眼识人、知人善任。岳家军诸将用自己的表现回报了岳飞,这一方面是为了报答岳飞的提拔和重用,毕竟"士为知己者死",另一方面是因为他们非常赞同岳飞收复河山的宏大理想。《孙子兵法》有言:"故知胜有五:知可以战与不可以战者胜;识众寡之用者胜;上下同欲者胜;以虞待不虞者胜;将能而君不御者胜。"岳家军上下可谓"上下同欲者胜"。

第二,岳家军是用堂堂正正的"正兵"赢得了胜利。

《孙子兵法》有言:"凡战者,以正合,以奇胜。故善出奇者,无穷如天地,不竭如江河。"这里的"正"是指用兵的常法,反映着战争指导的一般规律;"奇"是指用兵的变法,反映着战争指导的特殊规律。也就是说,在战争中想要获胜,往往要依靠奇谋,这样才能以最小的代价取得胜利。

可是岳飞在此次北伐过程中有用奇谋吗?基本上没有。每当与金军遭遇,包括岳飞在内,岳家军诸将的选择都是和金军堂堂正正地对战,夜袭、伏击、断其粮道等计谋,岳飞并没有采用。岳家军的每一场胜利,基本都是依靠"正兵"赢得的,这种战法给了金军极大的震撼。

宋金战争爆发以来,金军之所以能够屡战屡胜,倚仗的就是金军士兵弓马娴熟,单兵作战能力远强于宋军士兵。金军最不怕的就是和宋军堂堂正正地对垒。但是这一招在岳家军面前失灵了,岳家军士兵比金军士兵还能打,强大得让金军绝望。

完颜宗弼不得不感叹:"撼山易,撼岳家军难!"这时他唯一的选择,似乎便是放弃开封府,渡河北遁。

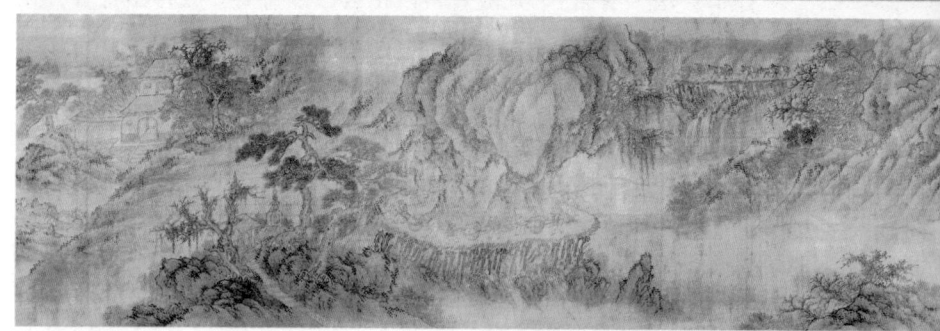

扬鞭催马送粮忙图

（北宋）燕文贵／画　收藏于美国大都会艺术博物馆

在古代，军队的物资补给主要依赖人力与畜力，加之当时的交通设施极为简陋，长途运输成为一项异常艰巨的任务，沿途的损耗更是惊人。

古代以"六斛四斗"为一钟，若欲将二十钟粮食长途跋涉运送至军队驻地，最终能抵达的仅余一钟，损耗率高达九成五；同样地，二十石（每石重120斤）粮食在长途运输后，也仅剩一石可用。

第五章 挺进中原

受限于粮食运输的难题,古代中原地区的军队,很难像草原民族那样实施快速且长距离的军事行动,一旦孤军深入敌后,极易陷入粮食断绝的困境。遇到需要持久作战的情况,长途运输甚至可能关乎国家的存亡。

鉴于后勤保障的关键作用,古代的军事战略家们常从两个核心策略入手,以拿到战争中的主动权与最终胜利。一方面,他们致力于维护粮道的畅通无阻,确保补给线的稳定与安全,以此作为战争持续进行的基石;另一方面,他们深知"断敌粮道"的重要性,正如打蛇需打七寸,通过摧毁敌人的后勤补给线,可以削弱其战斗力,从而赢得决定性的胜利。

第六章　千古奇冤

第一节 十年功废

连续遭遇3场大败,开封城危在旦夕,摆在完颜宗弼面前的仿佛只有弃城北逃这一条道路,于是他下令全军收拾行装,准备渡河北逃。

就在此时,有个北宋时的太学生对完颜宗弼说:"太子毋走!京城可守也!岳少保且退矣!"

完颜宗弼问:"岳少保以五百骑破吾精兵十万,京师中外日夜望其来,何谓可守?"

太学生说:"不然,自古未有权臣在内,而大将能立功于外者!以愚观之,岳少保祸且不免,况欲成功乎?"

听了他的话,完颜宗弼觉得有道理,于是决定暂时留守开封,看看接下来的进展。

对于岳飞的北伐,宋高宗的心情是很复杂的,他既怕岳飞大胜,又怕岳飞大败。

如果岳飞真的取得彻底成功,完全收复北宋故土,那么岳飞对宋朝就有再造之功。这么大的功劳,到时候要怎么封赏呢?现在岳飞已经是少保了,位极人臣,难道说真的要封岳飞为王吗?宋朝历史上被封为异姓王的人可没有几个。这种功高震主的局面,宋高宗想想都害怕。

第六章　千古奇冤

兀术涉水败走
选自《新刊按鉴演义全像大宋中兴岳王传》明刊本　（明）余应鳌/编

  如果能通过封王来杜绝岳飞功高震主的威胁倒也罢了，宋高宗担心的是，如果封了王之后，岳飞还是贪得无厌呢？如果岳飞到时候再次要求宋高宗立储，宋高宗能不答应吗？这样，将来新君继位，岳飞岂不是有了拥立之功？到时候岳飞成了第一权臣，他会不会篡位呢？毕竟，当年宋太祖赵匡胤的皇位就是篡位得来的，一旦岳飞真的再造河山，宋高宗不但不会安心，反倒会觉得赵宋王朝的末日就要来了。

  如果岳飞北伐大败而归呢？后果自然无须多言，金军必然会再次乘胜南下，恐怕到时候宋高宗又要上演一出"海上逃难"的狼狈戏码了。

  如果岳飞既不能大胜，又不能大败，那么最符合宋高宗利益的局面是什么呢？那就是见好就收，以胜促谈。

  对宋高宗而言，最有利的局面就是岳飞的北伐把金朝打疼了、打怕了，让南宋在战略上不再处于劣势，这样和金朝的谈判就好谈多了。既能保住半壁江山，又可以不受金朝外交上的羞辱，就是宋高宗最希望的结局了。

虽然岳家军三战三胜,但是岳飞深感处境并不轻松,眼前的完颜宗弼残部自然是不足为虑的,可是如果河北的金军倾巢而下,自己还能够抵挡吗?岳家军已经激战1个月,虽屡战屡胜,但在和金军精锐部队的较量中损失很大,眼下人困马乏,如果金军再来一支强大的生力军,那么后果不堪设想。

当时岳飞最需要的就是援军,只要刘锜、韩世忠、张俊等人能够率军北上,前线局势就可以转危为安,所以岳飞一再向宋高宗请求援军。

七月初,岳飞曾向宋高宗上书,汇报了战果,并请求援军,但这封上书如同石沉大海,朝廷毫无反应,于是在颍昌之战结束后,岳飞再次上书请求援军:

> 契勘金虏重兵,尽聚东京,屡经败衄,锐气沮丧,内外震骇。闻之谍者,虏欲弃其辎重,疾走渡河。况今豪杰向风,士卒用命,天时人事,强弱已见。功及垂成,时不再来,机难轻失。臣日夜料之熟矣,惟陛下图之。

虽然岳飞一再向宋高宗请求援军,并且表示功成之后一定解甲归田、交出军权,但是宋高宗是绝对不会相信的,他不可能再给岳飞派援军。此时,宋高宗最希望的事是岳飞赶紧见好就收,立刻班师,然后南宋挟大胜之余威和金朝和谈。

岳飞北伐屡屡大胜,此事天下无人不知,如果宋高宗贸然下诏让岳飞班师,岂不是让天下人觉得宋高宗懦弱守成、不辨是非、忍不住唾骂?所以提议让岳飞班师的人绝对不能是宋高宗,这时候必须得有个人站出来为皇帝"背锅",谁愿意担当这一角色呢?自然是朝中投降派的代表人物——秦桧。

对于皇帝的心思,秦桧实在是太了解了,他迫不及待地建议宋高宗让岳飞班师回朝,理由是岳飞"孤军不可留"。秦桧还唆使其党羽殿中侍御史罗汝楫上奏说:"兵微将少,民困国乏,岳飞若深入,岂不危也。愿陛下降诏,且令班师。"

秦桧和其党羽的主张可谓是一派胡言。岳飞为什么会成为孤军?岳家军为什么会"兵微将少"?还不都是因为宋高宗畏敌如虎、猜忌大将?如果朝廷能够让其他几路宋军一起北上,分进合击,形成战略上的配合,岳飞岂会成为孤军,还会"兵微将少"吗?这一困局的出现,责任就在于宋高宗和朝中的投降派。看到有人建议岳飞撤军,宋高宗顺水推舟,立刻下诏让岳飞班师。

七月十八日,当张宪从临颍杀向开封之时,第一道班师的诏书送达。过了几天,岳家军先锋部队进抵朱仙镇,完颜宗弼准备逃出开封之时,岳飞竟在一天之内接连收到十二道用金字牌递发的班师诏,诏旨措

秦桧奏请高宗班师
选自《新刊按鉴演义全像大宋中兴岳王传》明刊本 (明)余应鳌/编

辞严厉：命大军即刻班师，岳飞本人去临安朝见宋高宗。

接到宋高宗的诏书之后，岳飞内心愤恨难平，他愤怒地说道："臣十年之力，废于一旦！非臣不称职，权臣秦桧实误陛下也！"宋高宗的诏书没有丝毫转圜的余地，岳飞不得不下令班师。

得知朝廷班师的命令后，除了岳飞和岳家军士兵，最失望的莫过于河南地区的百姓了。世界上最残酷的事情并不是没有希望，而是希望出现之后又无情破灭。河南百姓闻信后，纷纷拦在岳飞的马前，希望岳家军不要走，他们哭着说道："我等顶香盆，运粮草，以迎官军，虏人悉知之。今日相公去此，某等不遗噍类矣！"

见此情景，岳飞内心悲痛，他把朝廷的诏书拿出来，对众人说道："朝廷有诏，吾不得擅留！"看到岳家军撤军已成定局，百姓"哭声震野"。

当岳飞率军撤退到蔡州的时候，又有无数百姓来到岳飞面前，其中有一名读书人跪在岳飞面前说道："某等沦陷腥膻，将逾一纪。伏闻宣

高宗十二道金牌召岳飞
选自《新刊按鉴演义全像大宋中兴岳王传》明刊本　（明）余应鳌/编

第六章　千古奇冤

岳飞奉诏班师
选自《新刊按鉴演义全像大宋中兴岳王传》明刊本　（明）余应鳌/编

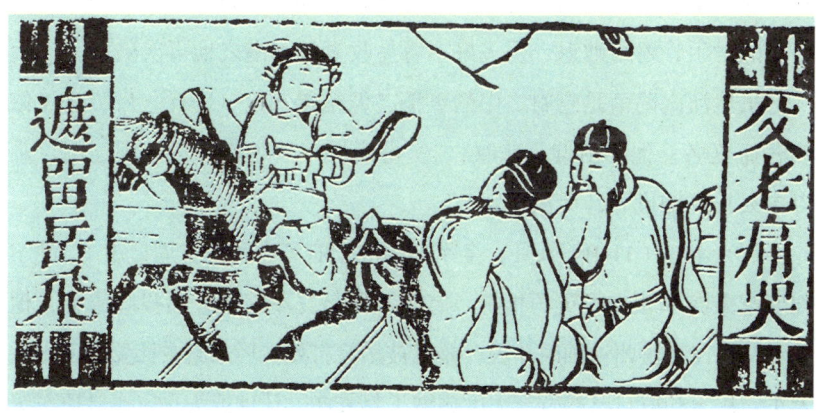

父老痛哭留岳飞
选自《新刊按鉴演义全像大宋中兴岳王传》明刊本　（明）余应鳌/编

相整军北来，志在恢复，某等跂望车马之音，以日为岁。今先声所至，故疆渐复，丑虏兽奔，民方室家胥庆，以谓幸脱左衽。忽闻宣相班师，诚所未谕，宣相纵不以中原赤子为心，其亦忍弃垂成之功耶？"

听闻此言，岳飞惭愧地向其拜谢，随后说道："今日之事，岂予所欲哉！"说完把班师的诏书拿出来给众人看。大家看完之后，全都失声痛哭，说道："然则将奈何？"

见到如此悲惨的场景，岳飞不得已，思虑片刻之后说："吾今为汝图矣。"他想到襄汉六郡还有大量的空闲土地，于是建议这些百姓跟着岳家军迁徙到襄汉六郡居住。岳家军在蔡州停留5日，以掩护百姓南撤，史载"其徙从而迁者，道路不绝，今襄汉间多是焉"。

刚收到岳飞撤军的消息时，完颜宗弼简直不敢相信自己的耳朵，他立刻派人去确认岳飞是假意南撤，吸引金军出击，还是确实要南撤。等到最终确认岳飞撤军的消息真实可信后，完颜宗弼大喜过望，立刻率领军队卷土重来，收复河南各地。留守河南各地的少量宋军部队根本不是金军的对手，纷纷败退，岳飞好不容易收复的河南之地再次陷落。

虽然河南陷落是意料之中的事情，但是得知这一噩耗之后，岳飞依然悲痛莫名，他不由仰天悲叹："所得诸郡，一朝都休！社稷江山，难以中兴！乾坤世界，无由再复！"

绍兴十年（1140）八月，金军包围淮宁府（今河南省周口市），淮宁知府赵秉渊率领守军英勇抵抗。赵秉渊原是辽军将领，后投降宋朝，他曾经与岳飞在洪州饮酒时斗殴，差点被岳飞打死。后来赵秉渊要求调出岳家军，岳飞却以自己的宽宏大度接纳了赵秉渊，让他成为岳家军胜捷军统制。听闻赵秉渊有难，岳飞立刻派李山、史贵率军救援，击退了金军。

淮宁之战，成为岳家军第四次北伐中的最后一战。轰轰烈烈的第四次北伐，至此宣告结束。

第六章　千古奇冤

金军哨报岳飞回策
选自《新刊按鉴演义全像大宋中兴岳王传》明刊本　（明）余应鳌/编

岳飞自叹
选自《新刊按鉴演义全像大宋中兴岳王传》明刊本　（明）余应鳌/编

北伐失败之后,岳飞万念俱灰,不愿意继续领兵作战,再三恳请朝廷解除其军职,回乡隐居。

宋金战争此时远未结束,金军随时都有可能再次南下,宋高宗怎么可能让岳飞这样的国之柱石回乡隐居呢?宋高宗拒绝了岳飞的请求,他在回复岳飞的诏书中写道:

卿勇略冠时,威名服众。分镇一道,使敌人无侵侮之虞;尽节本朝,致将士有忠诚之效。方资长算,助予远图,未有息戈之期,而有告老之请。虽卿所志,固尝在于山林;而臣事君,可遽忘于王室?所请宜不允。

岳飞无奈,只得返回鄂州。

岳飞上表辞官
选自《新刊按鉴演义全像大宋中兴岳王传》明刊本 (明)余应鳌/编

第六章　千古奇冤

第二节　生死危机

在绍兴十年（1140）的战争中惊险地"不胜而胜"之后，完颜宗弼准备对南宋发动报复性攻击。绍兴十一年（1141）春，完颜宗弼率领10万大军进攻淮南西路（今安徽省中部和南部地区）。

当时宋军在淮西及附近地区的军队有3部分，分别是张俊所部8万人，杨沂中所部3万人，刘锜所部2万人，数量超过了金军，按说只要指挥得当，是完全可以挡得住金军的，但是宋高宗觉得不保险，他命令岳飞立刻率军支援淮西。

虽屡遭打击，但岳飞北伐的梦想依然没有破灭。在接到宋高宗的诏书之后，岳飞立刻上奏了自己的战略规划："虏既举国来寇，巢穴必虚，若长驱京、洛，虏必奔命，可以坐制其弊。"也就是说，岳飞主张趁着河南地区敌人兵力空虚，由他率军北上，再重演一遍去年北伐的过程，收复开封、洛阳。

岳飞明白宋高宗基本不可能接受自己的建议，所以同时向宋高宗提出了另一个策略："今敌在淮西，臣若捣虚势必得利，万一以为寇方在近，未暇远图，欲乞亲至蕲黄，相度形势利害，以议攻却。且敌知荆鄂宿师，必自九江进援，今若出此，贵得不拘，使敌罔测。"岳飞认为，如果自己能够率军由蕲州、黄州一带渡江北上，与淮西宋军前后夹击金军，必然可以让敌人腹背受敌，大获全胜。

二月十八日，张俊派王德率军和杨沂中一起在柘皋（今安徽省巢湖市西北）迎战金军，此战宋军奋勇争先，金军大败而退。

柘皋之战是张俊军事生涯中取得的对金军最大的一场胜利，这不禁让张俊自信满满，他生怕别人抢了他的战功，立刻命令刘锜率军返回太平州（治所在今安徽省马鞍山市当涂县），并要求岳飞率军退回舒州（今安徽省潜山市）。

得知前线局势转危为安，岳飞和刘锜各自率军返回。

虽然张俊取得大胜，但是完颜宗弼岂是那么好对付的？三月四日，为了报复宋军，完颜宗弼率军猛攻濠州（今安徽省滁州市凤阳县），张俊急忙和杨沂中一起率军救援濠州，结果还没等他们到达濠州，濠州城就陷落了，金军掳掠一番之后扬长而去。当张俊和杨沂中率军到达濠州的时候，看到的只是断壁残垣。

张俊以为金军已经撤退，就放松了警惕，结果金军突然杀了个回马枪，对宋军发动伏击，宋军大败，张俊和杨沂中所部6万人马损失大半，残余宋军狼狈逃窜。

濠州被围的时候，韩世忠也奉命率军救援濠州，结果遭到金军的阻击，韩世忠率军且战且退，最终摆脱了金军。

听闻濠州宋军惨败，宋高宗急忙命令岳飞率军增援。得知张俊在濠州拙劣的表现后，岳飞怒不可遏，他愤怒地斥责道："似张家人，张太尉尔将一万人去跎踏了。"随后又说道："似韩家人，董太尉不消得一万人去跎踏了。"

岳飞所说的"张家人"和"韩家人"，指的就是张俊和韩世忠。岳飞不仅指责张俊和韩世忠表现拙劣，连带着表达了对宋高宗的不满："国家了不得也，官家又不修德！"

第六章　千古奇冤

宋兵败走
选自《新刊按鉴演义全像大宋中兴岳王传》明刊本　（明）余应鳌/编

三月十二日，岳飞率军到达濠州以南的定远（今安徽省滁州市定远县），此时金军早已远遁。

岳飞对宋高宗、张俊、韩世忠3人表达的不满，本来只是在岳家军内部发的一番牢骚，结果被有心之人记了下来，日后成为给岳飞定罪的证据之一。

平心而论，岳飞说这番话肯定是不合适的。尤其是对皇帝，自古以来"君为臣纲"，臣子发表对皇帝不满的言论，那是犯上作乱，是欺君之罪。特别是宋高宗本来就猜忌像岳飞这样的统军大将，岳飞表达对皇帝的不满，岂不是授人以柄？

虽然岳飞的话说得不合适，但也可以理解。宋高宗12道金牌强令岳飞班师，导致岳飞的北伐大业功亏一篑，面对如此巨大的打击，岳飞私底下发两句牢骚，这是再正常不过的事情，不该对岳飞过于苛责。

经过岳飞北伐和淮西之战后，宋高宗感觉金军已经遭到了巨大的打击，短时间内应该不会再南下了。既然外患已经暂时消弭，接下来就应该处理一下内政了。宋高宗认为首要任务就是处理几个常年领军的大将。

当时南宋最强大的军队分别由岳飞、韩世忠、张俊和吴璘4人统率。这4人中，吴璘所部远在川陕，山高皇帝远，宋高宗难以遥制，并且那里战争频仍，所以有必要保留吴璘的兵权。宋高宗决定先处理岳飞、韩世忠、张俊3人。

绍兴十一年（1141）四月，宋高宗正式下诏，升张俊、韩世忠为枢密使，岳飞为枢密副使，同时削去他们的其他职务，留朝任职。

枢密院掌军国机要、兵防、边备、戎马之政令，其长官是枢密使，副长官是枢密副使。虽然枢密院是全国最高军事机构，但是只负责全国军队的管理，并没有调兵权，枢密院官员更没有率军征战的权力。所以，宋高宗的决策是典型的明升暗降，表面上给了岳飞、韩世忠、张俊3人崇高的地位，实际上剥夺了他们的兵权，算是南宋版的"杯酒释兵权"。

宋高宗的这一做法，还是秦桧的阴谋。

秦桧的下属范同向秦桧献计："诸路久握重兵，难制，当以三大帅皆除枢密使、副，罢其兵。"秦桧听后大喜，急忙向宋高宗建议，这才有了宋高宗的夺权诏令。

接到宋高宗的诏令之后，岳飞、韩世忠、张俊3人相继交出兵权，这3人统领的军队全部收归中央统一管理。

岳家军方面，宋高宗担心如果贸然"空降"一名将领，恐怕很难有效统领岳家军，于是他决定由岳飞旧部王贵接替岳飞担任都统制，张宪担任副都统制，成为岳家军新的统帅。

为了安抚岳飞，防止他有异志，宋高宗专门给岳飞下了一份诏书加以抚慰，诏书中写道：

第六章 千古奇冤

> 朕以虏寇未平,中原未复,更定大计,登用枢臣。惟吾制阃之良,宜有筹帷之略,俾参密席,庶协庙谟。当思注意之隆,遂展济时之志。守谦避宠,非予望焉。所辞宜不允。

在剥夺了岳飞等人的兵权之后,宋高宗终于可以再一次和金朝议和了,议和之事还是由秦桧全权负责。

在接到秦桧求和的书信之后,完颜宗弼感到南宋近年军势雄锐,有心争战,也有议和的想法。可是完颜宗弼依然忘不了岳飞给他带来的巨大打击,他给秦桧回信道:"尔朝夕以和请,而岳飞方为河北图,且杀吾婿,不可以不报。必杀岳飞,而后和可成也。"

金朝为什么一定要让岳飞死呢?

原因并不复杂。虽然现在岳飞已经没有兵权了,但是他是南宋主战派的代表人物,是宋军最有才华、最具有进取精神的将领。只要岳飞还活着,南宋主战派们就依然有主心骨,一旦岳飞复出,宋军依然可以

兀术差人致书秦桧
选自《新刊按鉴演义全像大宋中兴岳王传》明刊本 (明)余应鳌/编

对金朝构成巨大的威胁。岳飞是南宋军民心中的精神图腾，只有杀死岳飞，才能够最大限度地打击宋军北伐的意志和实力。因此，岳飞必须死！

第六章 千古奇冤

第三节 莫须有

对于杀岳飞,秦桧本人自然是不会反对的,可是这件事做起来谈何容易?岳飞威名在外、战功卓著,这样的人是能轻易动的吗?应该怎么办呢?

如果想彻底扳倒岳飞,秦桧觉得以自己的能力是做不到的,因为秦桧只是个文官,他在军队中缺少支持者,如果军队将领全都支持岳飞,那么秦桧也不敢把岳飞怎么样。所以秦桧觉得必须拉拢一名有资历、有威望的大将,和自己一起对付岳飞。

拉拢谁呢?秦桧想到了张俊。

为什么秦桧会想到张俊?因为张俊虽然颇有战功,但是私德很差。张俊为人贪婪,他"占田遍天下,而家积巨万",他名下有良田100多万亩,家财以亿万计。为了防止家里的银子被偷,张俊命人将银子铸成1000两一个的大银球,名叫"没奈何",意思就是小偷来了也搬不走。张俊不仅贪财,而且恋权,虽然自己已经是枢密使,是最高军事长官,但是他依然不满足,希望拥有更大的权力。

苍蝇不叮无缝的蛋,一个人只要有弱点,就可以被拉拢,缺点越大,被拉拢的可能性就越高。

秦桧如何拉拢张俊呢?他许诺,如果张俊帮助自己彻底扳倒韩世忠和岳飞,那么"独以兵权归俊",也就是说韩世忠和岳飞的军队全部都是张俊的。

张俊闻言大喜,从此和秦桧沆瀣一气。不过秦桧此时不敢先动岳飞,他决定先动实力相对较弱的韩世忠,这样一方面可以提升自己的权势,另一方面可以敲山震虎,震慑一下岳飞,看看岳飞的反应。

绍兴十一年(1141)五月,岳飞和张俊一起到楚州视察,这里原先是韩世忠所部的防区。岳飞看到韩世忠的军队装备精良、训练有素,大感欣慰。

此时张俊却说道:"上留世忠,而使吾曹分其军,朝廷意可知也。"张俊的意思就是:不如咱们两个人将韩世忠的军队给分了吧,朝廷已经默许了。

听了张俊的话,岳飞震惊地说道:"不然,国家所赖以图恢复者,唯自家三四辈。万一主上复令韩太保典军,吾侪将何颜以见之?"(现在朝廷所倚仗的,只有你、我和韩世忠3人,如果将来皇帝再让韩世忠

张俊入见秦桧
选自《新刊按鉴演义全像大宋中兴岳王传》明刊本 (明)余应鳌/编

统军,那么我们有什么面目见韩世忠呢?)

听了岳飞的话,张俊非常不高兴。

到了楚州之后,岳飞和张俊登上城墙巡视。

张俊对岳飞说:"当修城以为守备计。"

岳飞回答:"吾曹所勤力,以图克复,岂可为退保计耶!"(我们应该北伐收复中原,为什么你老是想着防守呢?)

听了岳飞的训斥,张俊"艴然变色"。张俊不敢对岳飞怎么样,迁怒于两名卫兵,找借口将这两人杀了泄愤。

对于张俊和岳飞来楚州的目的,韩世忠部一些军官心知肚明。

一名叫耿著的军官对另一名军官胡纺说:"二枢密来楚州,必分世忠之军。"随后耿著又说道:"本要无事,却是生事。"

胡纺偷偷将耿著的话告诉了秦桧,秦桧终于找到了打击韩世忠的借口,他立刻下令将耿著抓起来,严刑拷打,希望以此牵连韩世忠。

得知此事后,岳飞叹息道:"吾与世忠同王事,而使之以不辜被罪,吾为负世忠!"岳飞立即写信飞报韩世忠。

韩世忠接信后又惊又急,马上求见宋高宗,"投地自明",大哭大闹表述自己的心迹。当年宋高宗南逃的时候,韩世忠率军护驾,兢兢业业,在保卫宋高宗安全方面立下过大功。

对于这样的一位功臣,宋高宗自然不可能将其置于死地,他立刻召见秦桧,严令秦桧不得株连韩世忠。

得到宋高宗的旨意后,秦桧下令将耿著刺配流放,韩世忠逃过一劫。

虽然遭到了岳飞的阻挠,但是张俊一意孤行,在秦桧的帮助之下,张俊成功取得了韩世忠旧部的管理权。

不久,岳飞得知宋金之间将开始新一轮的和谈,立刻上书表示反对:

岳飞差人致书韩世忠
选自《新刊按鉴演义全像大宋中兴岳王传》明刊本 （明）余应鳌/编

  金虏无故约和，必探我国之虚实。窃如建炎中正约和间，（虏）并兵尽举，张浚不能迎遏，其军大溃，失陷川陕。兀术、韩常重兵攻淮西，是时韩世忠在楚州，亦无所措，遂求救于朝廷。后无旬日，尽失淮楚，退兵回往镇江，以拒江为阻，更无前进之意。大概行军无方略，料敌无知识，赏罚不明，信令不行，兵无斗志，是以战之不克，攻之不拔，则败之由也。如臣提兵深入虏境，颍昌之战，我兵大捷，虏众奔溃，潜入汴京。当时，若得勠力齐心，上下相副，并兵一举，大事可成。今日兀术见我班师，有何惧而来约和？

  岳飞的意思很明确，金人根本不可信。往年宋金议和的时候，金人经常会借机窥伺南宋虚实，随后再度对南宋发动进攻。如何才能彻底解决问题呢？岳飞认为还是需要依靠北伐，只要自己能够重演去年北伐的壮举，一定可以一劳永逸地解决问题。

第六章 千古奇冤

在处理韩世忠的过程中,岳飞的不合作态度得罪了秦桧和张俊。在宋金议和的问题上,岳飞坚持北伐,又触怒了宋高宗。

至此,岳飞的厄运已经不可避免。

在秦桧的授意之下,他的3个得力干将——万俟卨、罗汝楫和何铸开始罗织罪名,准备诬陷岳飞。可是岳飞是一个忠勇耿直之人,他没有过多的个人爱好,专注于抗金大业,从来不贪污、不受贿、不滥权,为人无可指摘。万俟卨、罗汝楫和何铸找了很久也找不到什么致命的把柄。

但是欲加之罪,何患无辞?3人冥思苦想,最终给岳飞找出了四大罪状:

第一,"不避嫌疑,而妄贪非常之功;不量彼己,而几败国之大事",主要是指岳飞建议立储和反对宋金媾和。

第二,"自登枢管,郁郁不乐,日谋引去,以就安闲,每对士大夫但言山林之适",指的是岳飞当上枢密副使之后,郁郁不得志,频繁向

秦桧与何铸谋计
选自《新刊按鉴演义全像大宋中兴岳王传》明刊本 (明)余应鳌/编

周围人说闲居生活的美好,这明显是对朝廷有怨言。

第三,淮西之役,"坚拒明诏,不肯出师","略至龙舒而不进","以玩合肥之寇",指的是岳飞在增援淮西的时候逗留不进,坐视金军进攻。

第四,"衔命出使,则妄报偏见,欲弃山阳(即楚州)而守江","以楚为不可守","沮丧士气,动摇民心",指的是岳飞想要放弃楚州,守卫长江,这使得南宋军心民心都受到了巨大打击。

这四条指控,一望可知,全部都是赤裸裸的诬陷,毫无事实依据,但是宋高宗根本不在乎这些。

绍兴十一年(1141)八月九日,宋高宗正式下诏,解除岳飞枢密副使的职务,仅保留"少保"的官阶,同时给了岳飞一个"万寿观使"的闲职。在被罢官之后,岳飞自请回到江州庐山旧居赋闲。

岳飞万万没想到,罢官只是秦桧的第一步,秦桧的最终目的,是要岳飞的命!

岳飞父子回家
选自《新刊按鉴演义全像大宋中兴岳王传》明刊本 (明)余应鳌/编

第六章　千古奇冤

第四节　天日昭昭

想要杀岳飞，仅靠上面那四条不靠谱的罪名是绝对不够用的，必须有更加"确凿"的证据才行。

怎样才能获得"证据"呢？

秦桧认为必须从岳家军内部打开突破口，这就需要对岳家军进行分化瓦解，找出其中愿意和秦桧合作的叛徒。

于是，秦桧"密诱先臣之部曲，以能告先臣事者，宠以优赏，卒无应命，又遣人伺其下与先臣有微怨者，辄引致之，使附其党，否者胁之以祸"。经过缜密的调查，秦桧选中了两个人——王贵和王俊。

虽然王贵接替岳飞掌管岳家军，其实他和岳飞之间存在不小的矛盾。

在颍昌之战中，王贵曾经怯战，遭到岳飞的责骂。即使是凯旋之后，岳飞依然对王贵的怯战行为怒不可遏，多次要斩了王贵，在众将的求情下才饶了王贵一命。还有一次，有居民家中失火，王贵属下的士兵趁机盗取居民家中的芦筏，此事被岳飞得知，岳飞下令将偷盗的士兵斩首，作为其长官的王贵也被杖责一百。

和王贵一样，王俊和岳飞之间也有矛盾。

王俊有一个外号叫"王雕儿"，用以形容他为人无情无义，就像雕捕食鸟兽一样。王俊本来是东平府的士兵，后来因为告发同僚犯罪，得以升为都头，从此之后，王俊就热衷于通过告发获利，"自是以告讦为利，不问是否，自出身以来，无非以告讦得者"。王俊跟随岳飞征战已久，因为战功不大，一直得不到升迁，王俊对此颇有怨言。后来，王俊成为张宪的副手，屡次因为贪污受到张宪责罚，所以王俊一直想找机会打击报复岳飞和张宪。

当秦桧找到王俊，让他协助自己陷害岳飞的时候，王俊几乎立刻就答应了。但秦桧找到王贵的时候，王贵却犹豫了，他说道："相公为大将，宁免以赏罚用人，苟以为怨，将不胜其怨矣！"秦桧对王贵的不合作态度很不满，他对王贵软硬兼施，以王贵的家人做威胁，王贵不得已，只得答应秦桧。

在获得了王贵和王俊的配合后，秦桧决定先对岳飞的得力助手张宪下手。

王俊捏造了一份状子，诬告张宪在得知岳飞被罢官、赋闲在家之后，图谋率领岳家军由鄂州出发，兵临襄阳城下，以威逼朝廷将军权还给岳飞。

王俊将状子交给王贵，王贵随后转呈张俊，张俊立刻将张宪逮捕，随后下令对张宪严刑拷打，将张宪打得体无完肤。张宪宁死不屈，根本不承认王俊的诬告。

张俊根本不在意张宪是否招供，他很快就向宋高宗上奏："张宪供通，为收岳飞文字后谋反，行府已有供到文状。"

秦桧急忙奏请，将张宪和岳飞之子岳云押送至大理寺牢狱"根勘"，并召岳飞至大理寺，一并审讯，宋高宗予以批准。

在接到宋高宗的命令，召岳飞回"行在"临安府后，岳云、岳雷等人都觉得此行吉凶难测，力劝岳飞中止此行。

岳飞思虑再三，最终说出4个字："只得前迈！"属下再三劝阻，

第六章 千古奇冤

王贵诬告张宪谋反
选自《新刊按鉴演义全像大宋中兴岳王传》明刊本 （明）余应鳌/编

张宪坐牢
选自《新刊按鉴演义全像大宋中兴岳王传》明刊本 （明）余应鳌/编

岳飞始终不从。

岳飞为什么执意奉诏呢?

原因有二:第一,之前韩世忠也受过秦桧、张俊的诬陷,最后化险为夷,岳飞觉得自己未必会死;第二,如果岳飞不去临安,甚至偷偷逃走,那岂不是坐实了自己内心有鬼?所以岳飞宁可冒险,也要去临安自证清白。

绍兴十一年(1141)十一月十三日,岳飞、岳云等人到达临安。

为了确保万无一失,张俊让自己的心腹杨沂中前去逮捕岳飞。临行前,秦桧告诉杨沂中:"要活底(的)岳飞来。"

当时宋军诸将很多人都结为兄弟,杨沂中与岳飞也曾结拜,排行第十,比岳飞大1岁。岳飞见到杨沂中之后笑着说道:"十哥,汝来何为?"

杨沂中回答:"无事,叫哥哥。"

岳飞见杨沂中神色异常,说道:"我看汝今日来,意思不好。"随后岳飞进了屋子,过了一会儿,有一名婢女端出一杯酒交给杨沂中,劝他

岳飞受诏回京师
选自《新刊按鉴演义全像大宋中兴岳王传》明刊本 (明)余应鳌/编

把酒喝了。

杨沂中以为岳飞进去是要自杀,并让自己和他同归于尽。杨沂中觉得自己内心有愧,于是一饮而尽。他刚刚喝完酒,岳飞就从里面笑着走出来,说道:"此酒无药,我今日方见汝是真兄弟,我为汝往。"随后,岳飞和杨沂中一起前往大理寺。

岳飞来到大理寺之后,狱吏将他带到监狱里,他这才发现,不仅张宪被抓,岳云也已经被抓了进来。张宪和岳云"露头赤体,各人杻械,浑身尽皆血染,痛苦呻吟"。看到他们的惨状,岳飞心里清楚,自己恐怕凶多吉少了。

接着,有一名狱吏带着笔墨纸砚过来,对岳飞说:"汝观今世乌有大臣系狱而生者?趣具成案,吾为汝书!"

原来,迫使岳飞自诬的口供早就已经准备好了,岳飞根本没有机会为自己辩白,即使他辩解了,也根本没有人会听。

岳飞看到辩白已然无用,于是解开衣服,袒露背部"尽忠报国"4个大字,负责审问岳飞的何铸见此,亦为之动容。

何铸受不了良心上的折磨,将岳飞的冤情如实禀告秦桧。

秦桧呵斥道:"此上意也!"

何铸回答:"铸岂区区为一岳飞者,强敌未灭,无故戮一大将,失士卒心,非社稷之长计。"

秦桧无言以对,他看何铸不配合,就改命万俟卨主审此案。

见到岳飞之后,万俟卨说道:"国家有何亏负,汝三人却要反背?"

岳飞回答:"对天盟誓,吾无负于国家。汝等既掌正法,且不可损陷忠臣。吾到冥府,与汝等面对不休!"

对于岳飞的辩解,万俟卨根本不理睬,他说道:"相公既不反,记得游天竺日,壁上留题曰'寒门何日得载富贵'乎?"

何铸鞠问岳飞父子
选自《新刊按鉴演义全像大宋中兴岳王传》明刊本 （明）余应鳌/编

  一同审问的其他人也附和道："既书此题，岂不是要反也！"
  岳飞知道负责审问的人都是秦桧的爪牙，他再怎么辩解也是没用的，于是长叹一声，说道："吾方知既落秦桧国贼之手，使吾为国忠心，一旦都休！"
  此后岳飞任凭狱卒百般拷问，始终沉默不语。
  有个名叫隗顺的狱卒，非常同情岳飞，有一天他对岳飞说："君臣不可疑，疑则为乱，故君疑臣则诛，臣疑君则反。若臣疑于君而不反，复为君疑而诛之；若君疑于臣而不诛，则复疑于君而必反。君今疑臣矣，故送下棘寺，岂有复出之理！死固无疑矣。少保若不死，出狱，则复疑于君，安得不反！反既明甚，此所以为逆臣也。"
  岳飞听后默然无语，提笔在狱案上写了8个大字："天日昭昭！天日昭昭！"
  岳飞入狱的消息传开后，正直之人无不感到震惊，他们纷纷上书为岳飞鸣冤，其中就有韩世忠。

第六章　千古奇冤

何铸不肯问讯岳飞
选自《新刊按鉴演义全像大宋中兴岳王传》明刊本　（明）余应鳌/编

万俟卨重刑拷打岳飞
选自《新刊按鉴演义全像大宋中兴岳王传》明刊本　（明）余应鳌/编

韩世忠此前遭到秦桧诬陷,此时闲居在家,"杜门谢客,绝口不言兵",以躲避秦桧的迫害。为了帮助岳飞申冤,韩世忠不顾个人的安危,前去质问秦桧,秦桧回答道:"飞子云与张宪书虽不明,其事体莫须有。"

听了秦桧的谬论,韩世忠愤怒地说道:"相公言'莫须有',何以服天下?"

万俟卨竭尽全力,最终给岳飞定了四个罪名:第一,岳飞和岳云分别写信给王贵和张宪,策动他们谋反;第二,淮西之役,岳飞"拥重兵"而"逗留不进"、"坐观胜负";第三,淮西之役,岳飞得知张俊和韩世忠等军战败后,曾说"官家又不修德";第四,岳飞曾说,"我三十二岁上建节,自古少有",宋太祖赵匡胤30岁任节度使,万俟卨由此认为岳飞此话是将自己和赵匡胤相提并论。

稍有常识的人都可以看出,万俟卨定出的这些罪名非常可笑。可怜万俟卨处心积虑,罗织岳飞罪名,最终却只能罗织出这些可笑的"罪证",这恰恰从另一个侧面证明了岳飞人品的高尚。

韩世忠上疏力救岳飞
选自《新刊按鉴演义全像大宋中兴岳王传》明刊本 (明)余应鳌/编

第六章　千古奇冤

经过3个月的审讯，十二月底，万俟卨给出了自己的意见：将岳飞处斩刑，张宪处绞刑，岳云处徒刑。

让万俟卨没想到的是，宋高宗竟然比自己更狠，他最终下诏："岳飞特赐死。张宪、岳云并依军法施行，令杨沂中监斩，仍多差兵将防护。"

在宋高宗下达诏令当天，岳飞在大理寺狱中被"拉胁"而死，即被猛击胸肋部而死，张宪和岳云被押赴刑场斩首。随后，岳飞、张宪的家产都被没收，家属被流放到岭南和福建。

为了防止岳飞的遗体被随意丢弃，尸骨无存，狱卒隗顺将岳飞的遗体偷偷背了出来，埋在了临安城外九曲丛祠附近的北山上。在岳飞的坟墓前，隗顺种下了两棵橘子树作为标记。

隗顺临死的时候，将此事告诉了自己的儿子，他说道："异时朝廷求而不获，必悬官赏。汝告言曰，棺上一铅筒，有棘寺勒字，吾埋殡之符也。"

岳飞死后，为岳飞申冤的声音从未停止，但是宋高宗在位的时候，这是绝对不可能实现的。

绍兴三十二年（1162），宋孝宗赵昚即位，降旨为岳飞"追复原官，以礼改葬"、"访求其后，特与录用"，冤狱终于平反。隗顺之子告知岳飞的安葬之处后，宋廷将岳飞改葬在西湖栖霞岭。

淳熙五年（1178），宋孝宗为岳飞定谥号"武穆"。嘉泰四年（1204）年，岳飞被追封为鄂王，追赠太师。

岳飞死后，陷害岳飞的几个人踩在岳飞的尸骨上飞黄腾达。

秦桧继续当权10余年，加太师，晋封魏国公。秦桧之所以能够飞黄腾达，他的妻子王氏作为谋主，出力甚多。王氏被封为韩国夫人。绍兴二十五年（1155），秦桧病亡，追赠申王，谥号忠献，后改谥缪丑、缪狠。

宋孝宗坐像
(宋)佚名/画
收藏于中国台湾台北故宫博物院

宋孝宗赵昚(1127—1194),字元永,宋朝第十一位皇帝、南宋第二位皇帝。赵昚在继位之初,就表现出强烈的进取心,他先是为岳飞洗清冤屈,又任命张浚为江淮宣抚使,发动隆兴北伐,期望能重新夺回中原,但不幸遭遇失败,最终不得不与金人达成隆兴和议,至此恢复了宋金两国之间的和平状态。从那时起,赵昚高度重视国内事务,对官僚制度进行整顿,裁汰冗官,加强财务管理,赈济百姓,南宋因此进入了一个稳定的时期,历史上称为"乾淳之治"。赵昚是南宋时期最有才干、最贤明的帝王,历史学家们赞他为"南渡诸帝之称首"。

第六章　千古奇冤

张俊晋封清河郡王，宋朝历史上仅有5个异姓功臣在活着的时候被封王，张俊成为其中之一，由此可见宋高宗对张俊的重视和优待。绍兴二十四年（1154），张俊去世，终年69岁，追封循王。

绍兴十二年（1142），万俟卨被任命为参知政事，正式步入宰相行列。后来万俟卨官至右仆射、同中书门下平章事，拜特进、观文殿大学士，授金紫光禄大夫，位极人臣。绍兴二十七年（1157），万俟卨病死。

虽然秦桧等人依靠陷害岳飞而飞黄腾达，享受荣华富贵，但是他们篡改不了悠悠青史，骗不了天下人心，千古骂名、万夫所指，就是他们的下场。

现存的岳飞墓建于清康熙五十四年（1715），墓门的下边有4个铁铸的人像，反剪双手，面墓而跪，即陷害岳飞的秦桧、王氏、张俊、万俟卨。跪像背后的墓门上有联"青山有幸埋忠骨，白铁无辜铸佞臣"。

在当代几乎所有的岳飞庙中，都必定会有一尊秦桧跪像。

岳飞的妻子李娃随家眷流放岭南，坚持将儿孙抚养成人。岳飞冤狱昭雪后，李娃与几个儿子一道北归，终年75岁。

岳飞一共有5个儿子，女儿的数量不详，长子岳云和岳飞一起被杀，其他4个儿子或被流放岭南，或改姓隐居。其中，次子岳雷还未等到父兄平反，便在流放地含恨而终；三子岳霖在被平反后，官至朝请大夫、敷文阁待制，去世后赠太中大夫；四子岳震在被平反后，任朝奉大夫、提举江南东路常平茶盐公事；五子岳霆在被平反后，任修武郎、阁门祗候、奉直大夫。

当岳飞冤案被平反，岳飞后人由流放之地北上，途经江西赣州的时候，有"父老帅其子弟来迎"，这些百姓个个泪流满面，说："不图今日复见相公之子。"

后来，岳霖到荆湖北路任官，鄂州军民"设香案，具酒牢，哭而迎",以示对岳飞的缅怀。

由此可见,虽然时隔数十年,世人依然记得岳飞的丰功伟绩,岳飞的功绩早已铭刻在百姓心中。

对于岳飞,《宋史·岳飞传》中评价道:

> 西汉而下,若韩、彭、绛、灌之为将,代不乏人,求其文武全器、仁智并施如宋岳飞者,一代岂多见哉。史称关云长通《春秋左氏》学,然未尝见其文章。飞北伐,军至汴梁之朱仙镇,有诏班师,飞自为表答诏,忠义之言,流出肺腑,真有诸葛孔明之风,而卒死于秦桧之手。盖飞与桧势不两立,使飞得志,则金仇可复,宋耻可雪;桧得志,则飞有死而已。昔刘宋杀檀道济,道济下狱,嗔目曰:"自坏汝万里长城!"高宗忍自弃其中原,故忍杀飞,呜呼冤哉!呜呼冤哉!

当代著名学者、《岳飞传》的作者邓广铭先生也曾经指出:"像岳飞其人,理所当然地应被称为民族英雄。岳飞不只是属于汉族的民族英雄,而是属于全中华民族历史上的一个民族英雄。"

参考文献

[1][元]脱脱.《宋史》[M].北京：中华书局，1985.
[2][南宋]岳珂.《鄂国金佗稡编续编校注》[M].北京：中华书局，2018.
[3][南宋]李心传.《建炎以来系年要录》[M].上海：上海古籍出版社，2020.
[4]邓广铭.《岳飞传》[M].北京：生活·读书·新知三联书店，2017.
[5]王曾瑜.《尽忠报国：岳飞新传》[M].郑州：河南文艺出版社，2022.